AF364511

Los pilares del perdón

Cómo lograr la serenidad y la paz mental

Abel Quiñónez

Los pilares del perdón

Primera edición: octubre, 2024
D.R. © 2024, Abel Quiñónez
D.R. © 2024, derechos de edición en español y otros idiomas: Ordinal, S.A. de C.V.

Avenida de la Primavera 1874, Parques Vallarta, Zapopan, Jalisco, C.P. 45222.

Diseño de interiores: Alejandro Cruz

www.ordinalbooks.com
contacto@ordinalbooks.com

D.R. © Ordinal, S.A. de C.V.

ISBN: 978-607-59914-5-0

Impreso en México
Printed in Mexico

*Primero, a Dios, luego a mis
padres, Juan Manuel y Ana Landa,
quienes me dieron la vida.*

*Era necesario que escribiera
este libro para agradecer,
no para quejarme. Había un
sentimiento que faltaba sacar
de mi vida, el cual carcomía mi
alma y me quitaba la paz.*

*Me faltaba perdonar y pedir
perdón. Lo he hecho en
mis oraciones diarias.*

*Si en mi camino he atropellado a
alguien con mis palabras o con mis
actuaciones, les pido perdón. De
mi parte, todo esta perdonado.*

*Qué bonito se siente ser
libre y tener paz mental.*

Los pilares del perdón

Varios disparos se escucharon.

Una mancha de sangre en una túnica blanca.

—Es él, es él —gritaban. Unos lo señalaban y otros más corrían para capturarlo.

Se trataba de Mehmet Ali Ağca, quien, pistola en mano, disparaba casi a quemarropa sobre el pontífice Juan Pablo II, que caía ensangrentado, malherido y trastabillante en el reducido espacio del papamóvil.

Era el 13 de mayo de 1981, la fecha que habían elegido las mentes perversas para darle muerte al representante de la Iglesia católica: ése al que llamaban el «Papa viajero», Juan Pablo II.

La plaza de San Pedro, en el Vaticano, estaba conmocionada, confundida y alterada por el recibimiento en contra de aquel papa que traía amor y lo recibían a punta de balas.

Ağca, un nacional turco, fue capturado inmediatamente después del ataque.

A pesar de la gravedad de su situación, Juan Pablo II sobrevivió después de ser sometido a una cirugía de emergencia. Sorprendentemente, desde el principio, el papa expresó su deseo de perdonar a su atacante. Sólo dos días después del atentado, mientras aún se recuperaba en el hospital, dijo que había perdonado a Ağca y que mantenía sus oraciones, tanto por el agresor, como por los cómplices.

El gesto más significativo de perdón ocurrió en 1983, cuando Juan Pablo II visitó a Mehmet Ali Ağca en la prisión donde este cumplía su condena. Durante dicho encuentro, hablaron en privado durante unos veinte minutos, y aunque los detalles exactos nunca se han revelado, se sabe que el papa ofreció su perdón de manera personal. Este hecho fue ampliamente cubierto por los medios de comunicación y es recordado como un poderoso testimonio del compromiso del pontífice con el perdón y la reconciliación.

Este acto no sólo tuvo un profundo impacto en la comunicación internacional, también reafirmó los mensajes de misericordia y comprensión que Juan Pablo II promovió a lo largo de su pontificado. Fue un claro ejemplo de cómo incluso las heridas más profundas pueden enfrentarse con un espíritu de perdón y diálogo.

«Debemos perdonar siempre, recordando que nosotros mismos hemos necesitado el perdón. Tenemos necesidad de ser perdonados mucho más a menudo que de perdonar». Juan Pablo II

El inicio de una historia

Si tenemos suerte, podemos elegir dónde morir, pero nunca dónde nacer.

A mí me tocó nacer en un rancho muy austero, de esos en los que incomoda vivir el día a día, gracias al olvido y a la pobreza extrema. En estos lugares, hasta soñar era ridículo. Al despertar, me daba cuenta de que todo era ilusión, una falsa alarma de la vida, que está tan lejos de convertirse en realidad, que incluso las imágenes más hermosas resultaban ser una mala jugada de la noche.

Yo soñaba tan bonito que la pesadilla comenzaba cuando, al querer abrir los ojos, no pude ver porque tenía los párpados pegados. Entonces enfrenté las primeras advertencias que marcaron mi existencia.

—¿También serás un ranchero o pretendes revelarte contra el destino? —. Ésa fue la pregunta que me acosó desde pequeño.

A mi corta edad —quizá seis años— apenas podía distinguir la noche del día, lo amargo y lo dulce, la diferencia entre el bien y el mal, el odio y el amor. Todo lo iba descubriendo por ensayo y error, a punta de regaños y a veces con chanclazos. ¿Tenía otra opción? Por ese entonces, no.

Mi madre lloraba, sollozaba y se tapaba la cara en un rincón de la cocina, donde el hornillo era cómplice con el humo de leña verde; yo creía que eso era parte de estar vivo, algo normal.

Todos los días, resignada, ella echaba las tortillas para servir un desayuno silencioso; le gustara o no, estuviera de acuerdo o no, seguía dándole vuelta a los frijoles rojos que meses atrás mi padre había cosechado.

—¿Vas a querer machaca con huevo o unos huevos rancheros? —le preguntaba mi madre a papá.

—Ya te he dicho muchas veces que en las mañanas, cuando voy a trabajar al cerro, tocan huevos con machaca. ¿No entiendes? —respondía mi padre con la prepotencia de un monarca déspota jugando al tirano a mitad de un reino miserable.

—Sólo preguntaba; no tienes por qué regañarme.

Un ceño fruncido, un gesto amargo y unas respuestas escuetas de buenos modales, así se la pasaba mi padre casi todos los días y parte de las noches. Parecía tenerle coraje a la vida y guardar rencor por llevar un palpitar que tal vez no era lo que deseaba, pero el destino se empecinaba en doblegarlo.

Mi padre, un humano que no se quebraba ante cualquier veredicto, era quien mandaba, quien traía comida a la casa, pero en su corazón la habitación de los dioses estaba vacía.

No se confundan, mi padre no era malvado; cuando se lo proponía, era sociable, y le salía muy bien.

Al llegar de trabajar en el cerro, mi mamá lo recibía con un rico caldo de gallina; ese momento yo no me lo perdía porque lograba ver a un ser humano muy distinto, amable y sonriente. Le encantaba que mi madre lo consintiera con el famoso relleno, cocinado con cuello o buche de la gallina, el hígado, la molleja y el corazoncito del animal, todo condimentado con pimienta, sal, ajo, consomé en polvo y el amor que sólo mi madre sabía darle para ver a su marido feliz y contento.

Esos caldos, en tiempo de calor, lo hacían sudar, y entonces se quitaba la camisa y me decía:

—Oye tú, agarra el sombrero y échame aire.

Ahí estaba yo, cumpliendo la orden. Una vez me distraje, le rocé la espalda y me aventó hasta el horcón del corredor.

—Si vuelves a tocarme con el sombrero, te voy a dar con la vara de guásima que ya tengo lista; así que no estés volteando para otro lado.

De un abrazo, ya ni hablamos.

Cuando hablo sobre mi padre, el inconsciente me traiciona y no puedo evitar pensar en el maestro Arturo, quien me dio clases durante tercero y cuarto de primaria. Y lo recuerdo porque, sin proponérmelo, lo relaciono con papá.

En el salón siempre había un motivo para odiar a Arturo y su temible anillo, un aro pesado de quién sabe qué metal, pero que a todos nos había dejado una marca, pues aquel mentor era un experto en clavarlo en nuestros cráneos cuando cometíamos el mínimo error.

La curiosidad y la inocencia de la niñez nos hace sentirnos exploradores de todo, por no decir que nos distrae de lo que los adultos piensan que es importante, sin saber que sólo lo es para ellos, no para los pequeños que aún saben asombrarse con el mundo.

Arturo era como un ninja, silencioso e invisible, que se acercaba sigiloso cuando no poníamos atención al pizarrón, para clavarnos su anillo en la cabeza o tirarnos el borrador, con tan buen tino, que aquí estoy, todavía recordando aquel dolor pedagógico.

Cada día me levantaba a las seis de la mañana para desayunar, ponerme mis huaraches, mi pantalón azul de mezclilla —el único—, una camisa de cuadros y agarrar mi bolsa de ixtle con mis libros. No iba con ganas, ¿quién va a ir con ganas a la repartición de coscorrones?, pero era un deber.

Iba y volvía caminando, porque el transporte escolar más moderno era la bicicleta y, en casa, para bicicletas no había. En la familia, sólo mi primo Celso, el consentido de mi abuela, tenía una. Yo lo envidiaba hasta el coraje, deseaba con todas mis fuerzas poseer aquella *chopper* color verde, con una rueda chica adelante, una grande atrás y largos manubrios que la hacían parecer motocicleta.

Yo también quería una, así que se me ocurrió armarla. Me hice de un cuadro oxidado, compré un asiento de segunda mano y luego la rueda trasera. Aquí todo se cuenta muy rápido, pero fue un proceso que me llevó meses de trabajo y ahorro. Mi primo Celso me prestaba su *chopper* para matar esas ganas de la bicicleta, después él se iba a su casa y se la llevaba, como un soberano que le muestra un pedazo de pan a un pueblo muerto de hambre. Un día llegó, pero no en la bicicleta, me miró sonriente y me dijo que se le había descompuesto y que le prestara la rueda que yo había conseguido. Yo no tenía otra opción, era eso o que no me la volviera a prestar. Nunca me devolvió aquella rueda, nunca armé mi propia *chopper*.

Todos los días pienso en los sacrificios que mis padres hicieron por mí y por mis hermanos. Mientras yo pedía ropa, calzado y comida, ellos trabajaban como esclavos para mantener a unos hijos más o menos educados, más o menos vestidos, más o menos con comida en la mesa.

Cuando había algo qué comer, le sacábamos sangre a las cazuelas, las raspábamos con las tortillas.

Mis padres no se divertían, no había tiempo para vacaciones ni días festivos. Todo era trabajo en el campo para mi padre y cocina, limpieza y lavado de ropa para mi madre.

¿De qué servía pedir y exigir si no había dinero para comprar? No reniego del pasado ni guardo resentimientos, ya no hay venganzas. No soy juez para apuntar hacia mis padres con el dedo. He comprendido que una madre te enseña a amar y un padre te educa para enfrentar la vida, una vida que puede golpearte más duro que él.

A veces vi a mi padre como enemigo y a sus regaños como afrentas. No entendía que los abrazos de mi madre eran una lección de sensibilidad para aprender a amar.

Fui egoísta, porque mientras yo crecía, ellos envejecían y no me daba cuenta. Egoísta porque ahora estoy seguro de que, si les hubieran pedido que dieran la vida por mí, sin pensarlo lo hubieran hecho.

II

Las maneras de mi padre

Hay una verdad terrible sobre el perdón, y es que no podemos aprender a perdonar si no nos hemos sentido heridos, si no nos hemos sentido miserables, si no hemos sido rencorosos. No podemos aprender a perdonar si no hemos odiado, y cuando yo era pequeño, odiaba a mi padre; él fue mi primer maestro: un mentor espeluznante que me llenaba de culpa y me avergonzaba frente a sus amigos y desconocidos. Les contaba sobre mis defectos y mi mala educación, aunque para mi edad, yo tenía más inocencia que prejuicios malignos. No niego que los sentía, pero me los aguantaba.

Siempre pensé que mi padre era un «queda bien», porque entretenía a la gente a mis costillas, y eso enoja a cualquier edad. Eso enseña a odiar.

Segunda gran verdad: la culpa no es perdón, es sólo la mordaza que le ponemos al monstruo que se dibuja en nuestras entrañas. No podemos perdonar desde la culpa únicamente para sentir que somos buenos, para creer que no somos malos, para negar que somos animales capaces de pudrirnos por dentro.

Tercera verdad sobre el perdón: si no aprendes a perdonar desde el corazón, el único miserable eres tú.

Perdonar es quizá lo más difícil de este y otros mundos; eso lo aprendí un día, a los nueve años, cuando regresé de un partido de beisbol.

Nací en 1963, en Cubiri de Portelas, Sinaloa, México; una pequeña localidad de casas de adobe. Éramos pobres, pero a mitad de un pueblo con tantas carencias, eso no importaba, porque todos estábamos igual de jodidos y las calles de terracería no hacían distinciones entre los que tenían dos, tres o cuatro agujeros en las suelas de los zapatos.

En Cubiri teníamos dos devociones: por el beisbol y por santa Rita de Casia, patrona de la región. A la primera le rendíamos culto porque nos daba felicidad, porque nos convertía en héroes al correr las bases o al pegar de *hit*, aunque también nos hundía si nos ponchábamos o nos conectaban un cuadrangular.

A santa Rita la amábamos porque así nos enseñaron, y el amor es un sentimiento que se aprende sin cuestionar. Así, yo amaba a mi padre, Juan Manuel, por repetición, porque era mi padre y se acabó. Lo quería por sus manos de campesino, por su espalda doblada de tanto arar y por su piel quemada que traía de comer a su familia, pero también lo odiaba cuando el alcohol lo transformaba en el villano de una obra de teatro que se representaba, lúgubre, entre las paredes de adobe y el olor a madera quemada.

El amor y el odio son como los hermanos gemelos de la mitología griega, Cástor y Pólux. Cuenta la historia que estos semidioses no podían estar vivos al mismo tiempo, así que uno andaba por ahí de noche y el otro de día, nunca juntos. Algo parecido me sucedía a mí: yo era tan pequeño que en mi corazón no cabía más que un sentimiento a la vez, sobre todo con respecto a mi padre.

Aquel día nos levantamos muy temprano, fuimos al campo y don Juan Manuel hizo su papel de mago que convierte la tierra en mazorca y la hierba en frijol. A mí, su quinto hijo, me maravillaba ese hombre capaz de hacer milagros con tan poco. En ese momento yo lo amaba; lo amaba más allá de la sangre, lo adoraba por ser él y por ser grande, fuerte, con esa sabiduría sólo presente en la gente de campo.

Aquel día también llegó la tarde y fuimos a jugar beisbol. Me tocó de jardinero izquierdo y, desde allá, al final del campo de juego, vi a mi padre beber la primera cerveza mientras una pelota elevada venía hacia mí como una promesa difícil de fildear. Yo levanté mi guante, calculé la trayectoria de la bola y me dispuse a enorgullecer a Juan Manuel con una atrapada sencilla, pero valedora.

Como en una película, miré en cámara lenta cómo la esférica pegaba en la punta de mi viejo guante para luego caer al suelo. Me quedé inmóvil mientras los corredores del equipo contrario anotaban dos carreras.

—Chingada madre… pendejo… —. La voz de mi padre fue lo único que alcancé a entender entre los abucheos y los reclamos de mis compañeros.

«Chingada madre» y otra cerveza. Un empujón: don Juan Manuel agarrándose a golpes con otro hombre que me insultó, como si sólo un padre tuviera el derecho de pendejear a su hijo. Me poncharon dos veces y me mandaron a la banca. Para cuando terminó el partido, aquel mago del frijol, aquel sabio de los maizales ya no estaba. Yo temía en dónde pudiera estar.

Santa Rita de Casia fue una mujer italiana que nació por allá de los 1300. Sus padres la casaron con un hombre que la apaleaba sin misericordia, pero ella rezaba y rezaba, con lo que consiguió que su marido se redimiera.

Yo amaba a santa Rita porque me recordaba a mi madre, sólo que Ana Landa, doña Anita, no hallaba respuesta a sus oraciones y su esposo seguía llegando borracho, y cuando eso pasaba, los golpes aparecían, para ella y para nosotros, en especial para los hijos que lo habían dejado en ridículo por no saber jugar al beisbol.

Perdonar es un proceso, se aprende, y mi madre sabía la lección muy bien. Ella era la mujer más buena del mundo, o la más tonta, depende el punto de vista del observador. Desde cerca, era la más buena porque perdonaba a mi padre noche tras noche y golpe tras golpe. Desde lejos, era la más tonta por recibir una y otra vez en su cama al hombre que se olvidaba de las caricias y las cambiaba por el yugo.

¿Cómo se puede enseñar a amar o a perdonar a un niño? Hay dos maneras y las dos se confunden con el amor incondicional. Mi mamá perdonaba a mi padre sin ninguna disculpa, y para muchos eso podría representar la verdadera entrega conyugal, el «en las buenas y en las malas», el triunfo del amor. La otra manera incluye el silencio, la sumisión, el sacrificio.

Para mí, ninguna de estas dos formas era válida; yo albergaba rencor, deseos de venganza que se materializaban en bajas calificaciones y travesuras, que a su vez traían más golpes y más rencor y así hasta cerrar el círculo de una relación desgastada con mi padre.

Mamá me enseñó una cara del perdón que yo no quise tomar.

Cuando santa Rita enviudó, dejó a sus dos hijos e intentó ingresar a un convento, sin éxito, pues sólo aceptaban a mujeres vírgenes. Al poco tiempo, sus hijos murieron. Ya sin obligaciones, Rita fue aceptada por las monjas a los 36 años. En el claustro, Rita se entregó a una vida de oración y penitencia.

Cuentan que, una madrugada, la santa recibió, de manos del mismísimo Cristo, una astilla de madera que se le clavó en la frente, hasta perforarle el cráneo, y a pesar de que todos los días la curaban, el estigma siempre volvía. La pobre pasó los últimos años de su vida con infecciones en la sangre, rodeada de rosas y abejas, símbolos de su entrega a Dios.

Cuando era niño, esta historia me conmovía; no podía creer que una persona fuera tan buena; sin embargo, conforme fui entrando en la adolescencia, tanta resignación ante el dolor, tanta sumisión ante una vida de horrores me parecía nauseabunda, así que me prometí endurecer mi piel, me juré jamás resignarme y devolverle a la vida golpe por golpe.

La memoria es una virtud traicionera; en realidad, los seres humanos no recordamos a ciencia cierta los sucesos de nuestras vidas, sino que los tomamos y los deformamos de acuerdo con nuestros prejuicios, educación, filas y fobias. Digo esto porque el perdón también es un asunto de memoria, pues podemos convencernos a nosotros mismos de que alguien nos trató mal en la infancia, cuando en verdad no fue así. Recordamos mal.

Por ejemplo, recuerdo al compadre Nico, padrino de uno de mis hermanos; él no paraba de decirme que yo era un flaquito, un «fifiruchito». A mí, aquella palabra me pateaba el alma y me causaba una terrible aversión hacia aquel taxista fiestero, cuando quizá él me llamaba así con mucho cariño; sin embargo, hasta hoy algo me da comezón en la cabeza cuando pienso en él.

En ese tiempo, mi tío Carlos tenía una esposa llamada Teresa, buenísima para hacer pan. Él vendía de todo en su moto y me gustaba visitarlo porque, al atardecer y al despedirme, siempre me daba una moneda. Cuando eso no sucedía, yo me quedaba otro rato y me despedía una y otra vez hasta sacarle aquella ruedita color cobre. Así era dos o tres veces a la semana, hasta que, por más que me despidiera, ya no volvió a darme. Yo me quedé con un rencorcito guardado en el corazón y no lo perdoné hasta años después, cuando él ya no estaba, y fui capaz de pensar que mi tío estaba enfermo, que ya no podía salir a vender y se apretaba el cinturón demasiado como para pensar en un niño pedinche.

Los resentimientos familiares nacen así, a lo tonto o a lo grave. Yo siempre fui flaco, lombriciento y bajo de estatura, y cuando mi papá me llevaba al campo, yo sufría.

—Tú vas a ser chaparrito —me dijo—, así que es mejor que estudies.

Aquello se me quedó en la mente y le puse mucho empeño a la escuela, pero no por saber, sino por compensar aquel menosprecio físico y, de todos modos, me tocaban friegas terribles en el campo.

Por ser estudiante también se paga un precio, y si yo cometía algún error, papá me evidenciaba, y eso me jodía.

—Y este menso es el que estudia, imagínese a los demás—. Esa expresión me tocaba en la llaga.

Los pequeños rencores son parte de nuestra educación emocional, y guardarlos y no perdonarlos, es parte de los grandes rencores que luego cultivamos sin darnos cuenta.

Son la niñez y la inocencia las que juzgan a un padre estricto en sus formas de enseñanza hacia un hijo.

III

Cuando te enamoras

No siempre las cosas resultan como esperamos, y menos cuando las emociones nos ponen trampas inesperadas. La prueba a mi dureza de carácter llegó con los ojos de una muchacha. Yo tenía quince años y ella diecisiete. Su nombre era Alma.

A esa edad, y a cualquiera, el primer amor nos parece el más sublime, aunque regularmente no es así, no hay un vínculo con la posibilidad de madurar. Estrenar ese sentimiento es como experimentar una dulce agonía que nos mata sin matarnos, que nos da vida mientras nos falta el aire. Creemos que todo es puro y pleno, hasta que ya no lo es. Por lo regular, esa ilusión también se convierte, en mayor o menor medida, en nuestra primera probadita de dolor febril.

Alma trabajaba en la panadería de don Ernesto. Yo pasaba todas las mañanas y me quedaba como bobo en el cerco de púas de enfrente, fascinado, idiotizado y enamorado. Ahí, la imagen de ella y el aroma que salía de los hornos se mezclaban para llevarme a recorrer las nubes. Pensaba en el tacto de su piel, en sus labios de masa madre que, a lo lejos, prometían el gusto del azúcar y la mermelada. «Qué pinche manera de tenerme aquí, todo jodido e ilusionado», me decía.

Todos los días la veía abordar la bicicleta y ponerse sobre la cabeza la gran canasta para repartir el pan, que parecía un enorme paraguas en espera de una lluvia de café con leche. Yo la seguía las primeras cuadras, tratando de juntar valor para hablarle, para decirle «hola» y de ahí comenzar un cursi cortejo, pero cada mañana me temblaban las piernas y, al dar el primer paso hacia ella, me acobardaba con ese miedo rabioso y estúpido de la adolescencia masculina.

Una mañana me di por vencido, seguro de que mi timidez era un obstáculo infranqueable; tomé un camino distinto, hui y me resigné a mi destino de amante platónico. Caminé y caminé en medio de aquella mañana lluviosa que convertía los hoyos en charcos. Caminé como si el pueblo fuera ciudad y universo. Anduve como si caminar sin rumbo me llevara a algún lado.

La lluvia se convirtió en una tormenta atípica para esa época del año en una tierra de por sí seca. El Dios del cielo desataba su ira con relámpagos, así que busqué refugio bajo la cornisa de una casa. Me senté a mirar cómo un bicho luchaba por salir del agua estancada y pensé que podría convertirme en un héroe pequeñito si estiraba la mano para salvar la vida del insecto; sin embargo, decidí no hacer y mirar aquella fiesta del ahogo. Mientras era testigo de esa muerte en vano, el sonido de un golpe me distrajo; levanté la cara y la vi. Era Alma tirada en el fango, con su canasta y sus panes remojados.

Aquella escena me tomó por sorpresa; miré hacia ambos lados de la calle, como esperando que alguien más acudiera a ayudarla, pero ni un alma se asomaba, sólo ella. El universo me ofrecía una oportunidad única para tenderle la mano, para levantarla y convertirme en un caballero salvador; sin embargo, me quedé ahí, con mi cara de idiota hasta que ella me habló.

—¿No piensas ayudarme? ¿Eres sordo o estás ciego?

Y sí, en ese momento estaba sordo, ciego y tonto ante aquella visión llena de lodo. La lluvia arreciaba y lavaba su piel blanca, más clara que la de las otras chicas del pueblo. Era alta y delgada, lejos de la flacura, pero cerca de las curvas de mis sueños.

La ayudé a levantarse y a recoger la canasta; me preguntó mi nombre y yo le respondí con una voz medio grave que fingí para sentirme mayor, más hombre y más *elegible*, aunque después pensé que me había escuchado ridículo.

—Soy Alma —me dijo, como si yo no lo supiera —. ¿Me acompañas hasta mi casa?

Por supuesto que le dije que sí y caminamos lo más lento posible, a pesar de la lluvia. Ella jalaba la bicicleta y yo cargaba la canasta que, con el agua, se había vuelto pesada, pero yo sacaba fuerzas de flaqueza para no quedar mal.

Como ya he dicho, yo era flaquito, «fifiruchito» y chaparrito, y ella me sacaba casi diez centímetros. Quien nos hubiera visto, pensaría que yo era el hermanito de aquella casi mujer que caminaba a mi lado. Por un momento, esa idea me molestó, pero el malestar quedó olvidado cuando llegamos a su casa y nos despedimos.

Aquella noche tuve fiebre, mi madre la achacó al mal tiempo y a la lluvia, pero yo sabía que era por ella, por la panadera que me tenía cautivo de sus ojos color miel y su cabello lacio y alborotado en las puntas, como en un anuncio de champú Vanart.

Al otro día, al salir de la escuela, me apresuré a contarle a mis amigos mi escueta aventura con la chica, así que fui a encontrarlos afuera de la tiendita de don Matías, donde nos juntábamos para tomar Coca-Cola y hablar de beisbol.

Pepe, el Chelis y Toño ya habían llegado, y estaban inusualmente callados.

—Y ahora, ¿por qué tan quietecitos? —pregunté.

—Cállate y mira —susurró Chelis y señaló hacia la mercería de enfrente.

Entonces la vi. Alma salió del local; llevaba un vestido con flores rojizas que subía hasta arriba de sus rodillas para luego ceñirse a una cintura apretada y trepar hasta unos pechos pequeños, pero que a mí me parecían olas de mar embravecido. Mientras yo me embelesaba con el recuerdo de su voz repitiendo mi nombre, el gruñido de Pepe rompió la fantasía.

—Grrrrr, está bien buena...

—Buenísima —secundó Toño, mientras Chelis se rascaba la entrepierna por encima del pantalón mugroso.

En ese momento sentí celos, furia, relámpagos en la cabeza. Estaban hablando de mi primer amor, del delirio entre mi fiebre. Era como si la ensuciaran con sus miradas de lujuria apenas adolescente, como si se robaran algo de mi memoria.

Furioso, le di un manotazo a la Coca-Cola de Chelis y me fui corriendo por la misma calle que Alma tomó. La alcancé, la saludé y ella apenas me miró y me regaló un suave «qué tal», que sólo yo pude escuchar; luego, la panadera dobló la esquina y siguió su camino sin reparar más en mí, pero aquel breve gesto fue suficiente para que mis amigos, a lo lejos, se dieran codazos y murmuraran con envidia.

Yo me sentí orgulloso; para mí, Alma era algo más que un pedazo de carne; era vida y muerte, reencarnación hacia una vida llena de esperanzas alucinantes; era sentimiento puro y bueno, por lo menos eso pensaba hasta que, con vergüenza, descubrí una erección instalada entre mis pantalones.

«Todo el que ama debe estar dispuesto a morir un poco», decía el Principito, y como yo creía que amaba, también me sentía morir. Es justo decir que Alma jamás me dio alas, o por lo menos no más que a los otros plebes. Ella se sabía bonita y ejercía su belleza como un tirano ante una corte de púberes babeantes. A unos les pedía que le invitaran una coca, a otros un helado o que le hicieran la tarea; incluso así, yo me sentía privilegiado, pues era el elegido para ayudarla con su ronda vespertina para repartir el pan.

Cada tarde pasábamos juntos al menos cuarenta minutos dejando conchas y bolillos en las escasas tienditas del pueblo o en algunas casas que pagaban un extra por el servicio a domicilio. Yo caminaba junto a su bicicleta como el escudero de un héroe dispuesto a desgarrar el cielo. Durante aquellos trayectos conseguía arrancarle a Alma alguna información sobre su vida, como que su padre se había ido a Estados Unidos, de mojado, y que al principio les mandaba dinero, pero luego no; también me hice de secretos muy íntimos, como que su madre se encontraba unas noches con el carnicero y otras con el dueño de la cantina.

—Yo nunca me había enamorado —me dijo Alma una tarde cuando veníamos de vuelta luego de dejar la canasta vacía —. Pero ahora estoy empezando a sentir algo por una persona muy especial.

Mi corazón dio un traspié, se detuvo por un momento y luego volvió a latir para seguir escuchando.

—Es un muchacho que no me mira como los demás y me acompaña cuando me siento sola. Es un poco chaparrito para mi gusto, pero es lindo.

En ese momento, un relámpago atravesó mi cerebro. ¿Sería posible que hablara de mí? ¿Por qué yo, si muchos la pretendían, incluso hombres adultos? Cuando estaba a punto de declararle mi amor, el grito de mi madre sonó a mis espaldas.

—Ya métete, que tu papá no tarda en llegar y ya vamos a cenar.

No sé qué me disgustó más, si la interrupción en sí, o la vergüenza de sentirme un niño al que su mamá manipula como a un bebé.

—Bueno, nos vemos, ahí te hablan.

Alma siguió su camino y yo me quedé ahí parado, probando por primera vez el sabor de la desolación.

—¡Ándale, baboso! —la voz de mi madre me volvió a llamar; yo sólo apreté los puños y obedecí.

Aquella noche no pude dormir, daba vueltas y vueltas en la cama repasando los nombres de todos y cada uno de los plebes, chicos y grandes, que le habían echado los perros a Alma. No, ninguno la trataba con respeto, sólo yo la miraba distinto, aunque el recuerdo de aquella erección del primer día me traicionaba. Ninguno de aquellos pretendientes era especialmente flaquito, «fifiruchito» y chaparro, lo que me colocaba de nuevo en la delantera.

Mi ingenuidad, mi esperanza y mi estupidez me hicieron decidir que, sin duda, era yo de quien ella hablaba, el elegido, el ungido que alcanzaría la gloria.

Durante mis caminatas con Alma, supe que le gustaba ir al cine improvisado que se ponía a las afueras del pueblo todos los viernes. Por supuesto que yo no tenía permiso de ir solo hasta allá, pero ese día decidí romper todas las reglas para jugarme el destino de mi corazón.

En la mañana fui al campo y recogí algunas flores, luego, lo inusitado: tomé un largo baño y experimenté otra erección. Ésa fue la primera vez que me masturbé.

Me peiné y, a la hora del crepúsculo, salí con ropa limpia ante la mirada sorprendida de mi madre y las burlas de mis hermanos.

La caminata no era tan larga, pero a mí me pareció como recorrer un prolongado sendero que me llevaría a mi iniciación masculina. Es cursi, lo sé, pero los hombres, cuando estamos enamorados, somos más imbéciles que de costumbre.

El aura blanca de la película proyectada en la pantalla improvisada rompía la oscuridad de la noche sonorense. «Una de amor y dos de balazos», rezaba el letrero en la entrada del predio cercado que se convertía en cine debajo de una lona mugrosa.

La función apenas estaba en la película de amor.

En blanco y negro, una mujer esperaba en una estación de ferrocarril cuando el guapo protagonista llegaba a buscarla e impedir que se fuera. Así entré yo.

A esa hora, la audiencia se reducía a unas cuantas señoras cerca de la pantalla y a algunas parejas que comenzaban a perder el pudor más atrás, donde la oscuridad ayudaba al anonimato. Busqué. Busqué y encontré. Ahí estaba Alma, sentada en una cobija, con las piernas cruzadas y la mirada fija en la proyección. Estaba hermosa en la noche fría.

Di el primer paso hacia ella; fue como cruzar un abismo. Un poco más y el abismo me devolvió la mirada.

Llegué a casa empapado de sudor y lágrimas. Moría sin morir, me ahogaba sin ahogo.

Me quedé de pie en el umbral de la entrada oscura, intentando hallar un lugar para esconderme, pensando si estaría bien buscar el regazo de mi madre para que ella me abrazara como cuando era pequeño, pero descarté la idea que implicaba evidenciar mi vergüenza y mi derrota.

La película de amor de aquella noche se convirtió para mí en una de terror cuando vi a un hombre acercarse a Alma, quien lo recibió con un abrazo y un beso en la boca.

En ese momento sentí por primera vez un odio de color rojo, distinto al que sentía por mi padre cuando me golpeaba. Era una emoción nueva, sin escrúpulos, sin ideas, sin posibilidad de paz. Yo conocía a aquel muchacho, lo había visto muchas veces hablándole a Alma, pero jamás imaginé que fuera él; yo lo veía tan insignificante, tan sin ir a la escuela, tan oliendo a cigarro. Yo lo conocía y no lo puse en mi lista de pretendientes. No lo vi, no lo supe, no sabía nada; me sentí como un niño y sollocé.

—Y tú, ¿por qué chingados lloras? —era la voz de mi padre, que estaba ahí, sentado en la oscuridad sin que yo me diera cuenta.

Él se puso de pie y se acercó a mí. Yo me encogí, pues el olor a alcohol presagiaba un puñetazo. Cerré lo ojos, expectante, pero sucedió lo inaudito: mi padre me estrechó entre sus brazos.

El odio a veces es inevitable, puede habitar en vuestros corazones durante un tiempo. Es necesario matarlo de hambre.

IV

Rencores que crecen contigo

Aquel abrazo de mi padre no fue más que un gesto de borrachera; no sé si la mañana siguiente se acordó de lo que había pasado, pero yo sí, y guardé ese instante creyendo que, en su delirio, el verdadero *ser* de mi papá se escapó de su jaula para consolarme, a pesar de que él no sabía por qué yo estaba llorando.

Otro error muy frecuente que cometemos los seres humanos en lo que se refiere al perdón es pensar que el rencor es un arma con la que es posible dañar a la persona a la que tenemos coraje. El resentimiento sólo nos lastima a nosotros, no tiene el filo de un cuchillo ni la cualidad milagrosa de solucionar los conflictos que lo causaron. El perdón se hace indispensable para vivir en paz.

Durante toda la secundaria estuve enojado y triste por aquel suceso con Alma, cuando ella ni siquiera tenía la culpa, simplemente gestionaba su vida y sus problemas como mejor podía. En realidad, yo no la conocía, ni siquiera sabía nada de sus problemas, de sus sentimientos ni de sus anhelos. Eso lo supe después, pero esa historia la dejaré para más adelante.

Yo fui quien no tuvo las agallas para decirle lo que sentía; quizá igual me hubiera dicho que no, pero por lo menos no me hubiera quedado con ese mal sabor de boca de mi propia cobardía y hubiera tenido un cadáver que enterrar en el naciente cementerio de mis emociones fallidas.

Durante la secundaria, vi pasear a Alma una y otra vez con éste y con aquél, la vi recorrer las calles con su canasta de pan, la vi en cada muchacha en el colegio; la veía en todas las chicas que me gustaban.

Sí tuve una que otra novia, ninguna tan especial; en todos lados la buscaba a ella, pero no por ella, sino porque Alma simbolizaba ese rencor en contra de mí mismo por no haber hecho las cosas distintas. Descubrí que el perdón más difícil es el que se tiene que otorgar a esa persona que se mira en el espejo.

Durante mucho tiempo me juré que jamás probaría alcohol, que jamás me vería como mi padre ni haría las cosas que él hacía, pero bien dicen que más pronto cae un hablador que un cojo. Dicen que uno de los instintos más poderosos en el ser humano es el de pertenecer, como si fuéramos lobos que dependemos de la manada para sobrevivir en el invierno, y cuando somos adolescentes, estamos sedientos del reconocimiento de nuestros pares.

El último año de secundaria estaba pintado de fiestas, de celebraciones que ya no involucraban el acto inocente de romper la piñata. Yo estaba a punto de graduarme como aprendiz de electricista, sin saber que aquellos circuitos ingenuos y resistencias de juguete marcarían el inicio de un camino que después se convirtió en consolas de sonido y antenas de radio. En algún momento, aquellas reuniones fueron transformándose en espacios de coqueteo, de hormonas desbordadas, de tratar de ser machos alfa, de olor a cigarro clandestino y sí, nunca faltaba quién sacara el licor, como si eso implicara el establecimiento de una hombría mal entendida.

Al principio yo me negaba siquiera a oler el alcohol, pero poco a poco mi resistencia se fue rindiendo ante esas ganas de sentirme grande ante mis amigos y macho ante las mujeres. De un trago pasé a una cerveza, luego a dos y, así fui flaqueando.

Se acercaba el verano y el fin de la secundaria; muchos de mis compañeros estaban destinados a abandonar los estudios para dedicarse al campo o a algún oficio, otros seguiríamos hasta donde se pudiera.

Mis amigos y yo estábamos cambiando, yo di el estirón y ya no me veía tan chaparro, flaquito y «fifiruchito». Un incipiente y ridículo bigote medio pintaba debajo de mi nariz; yo me lo dejaba pensando que aquellos pelos espinosos me hacían ver interesante.

Poco a poco, el amor que decía sentir por Alma iba abandonando su inocencia para convertirse en deseo, y fue en la fiesta de fin de tercero de secundaria cuando mi drama adolescente alcanzó su cenit.

En esos días, estaba yo tan metido en mi propia cabeza que no me di cuenta de que mi padre se veía cada vez más cansado al llegar del campo y se quedaba dormido a mitad de una copa de alcohol.

Aquella tarde toda la familia se sentó a la mesa; yo estaba molesto porque quería salir con mis amigos. No sabía nada, el egoísmo de la adolescencia gobernaba mis horas. Papá sudaba mucho, papá no comía. Papá hizo un gesto y se llevó la mano al pecho. Papá tuvo un infarto.

Mi padre, ese hombre de manos de milpa y garganta de agave, murió aquella tarde.

La vida es impertinente y grosera, no pide permiso; la vida atropella, sin importar qué tan grande, listo o fuerte te sientas. Durante muchos meses el luto por la muerte de mi padre ensombreció mi vida y la de mi familia; sin embargo, no había tiempo para mucho, había que resolver lo básico: el trabajo del campo, el dinero, la comida y la pena de mi madre.

Siento que es necesario detenerme a hablar más sobre la muerte de mi padre, aunque el instinto de supervivencia me empuje a escapar de los instantes de dolor. Millones de hombres, durante miles de años han dedicado sus vidas a definir el amor, e incluso así no hay una definición que valga para todos; de la misma manera, no podría hablar lo suficiente de lo que sentí con la ausencia de aquel hombre. En ese entonces todo fue nubes, yo no tenía la capacidad para pensar, sentir y expresar mis emociones. Sólo diré que hoy he perdonado y he pedido perdón.

Mis hermanos mayores tomaron las riendas y, no sé cómo, pero yo continué mis estudios.

Para llegar a la preparatoria debía tomar la decisión de abandonar la casa humilde de mi infancia, lo cual, además de los problemas prácticos, fue mi primer paso verdadero hacia convertirme en un hombre.

Viajé a la ciudad, con mi abuela y mis tíos. Yo no sabía absolutamente nada de compromisos personales ni tareas domésticas, pues mi madre siempre se había encargado de todo. Hacer comida, lavar mi poca ropa, mis tenis sucios, eran actividades nuevas que me hicieron valorar los desvelos y desmañadas de la mujer que me dio la vida. Y menos sabía sobre cooperar mensualmente para los gastos de una casa que al inicio era una aventura emocionante, pero de la que luego, al pasar de los días, te quieren echar.

Mi tío Octavio, un hombre muy trabajador y dedicado por muchos años a conservar un trabajo de velador en las propiedades de don José Coblenz —dueño de todas las colonias al norte de Los Mochis, Sinaloa— compró una troca Ford F-150 del año 1968, de las primeras de ocho cilindros. Cuando la encendía, el ruido se podía escuchar en tres colonias cercanas. Mi tío amaba a aquella bestia que vivía en una cochera de lámina construida con la venia de la tía Chayo.

En ese espacio caluroso y reducido también vivía yo, en un catre que apenas cabía entre el parachoques y el muro. Mi tío nunca me corrió de la casa, pero sí encendía la camioneta a las cinco de la mañana, cuando yo estaba durmiendo a escasos centímetros del radiador. Eso me pateaba los cojones; llegué a odiarlo a él y a la Ford F-150.

La pobreza extrema viene acompañada con mucha imaginación.

Empecé a trabajar en el día; por la noche asistía a la preparatoria y me preparaba para huir de esa casa. Entre cuatro amigos de la escuela rentamos una casita, forramos cajas de cartón con cobijas para improvisar nuestras camas y nos hicimos de una parrilla eléctrica para cocinar cualquier cosa.

Huevos crudos con limón, un poco de salsa Huichol y tantita sal eran parte de nuestra dieta diaria.

Mi enojo con mi tío Octavio duró varios años. En varias ocasiones nos encontramos en casa de mi madre y no le hablaba. Mi molestia era tan grande que competía con mi orgullo. Mamá era buena mediadora y me decía: «No debes ser rencoroso, es tu tío, y entre la familia no es bueno estar enojados, trata de perdonarlo».

Cuando murió mi abuela —madre del tío— saludé a Octavio y le pedí perdón por mis actos de bajo orgullo. En ese momento mi alma dejó de ser mezquina y se produjo un alivio que me recorrió, me sanó y aplastó el orgullo y los deseos de venganza. Con sólo decir «perdón» podemos hacer magia.

Dicen que con la edad llega la madurez, pero yo creo que en el caso de los varones primero pasamos por un periodo en el que somos cavernícolas llenos de hormonas; tratamos de satisfacer los instintos más básicos: comer e intentar saciar nuestros impulsos sexuales. Claro que algunos tienen más éxito que otros.

Los hombres somos como pavorreales: tratamos de deslumbrar al mundo sin darnos cuenta de que tenemos las patas flacas y horrendas; intentamos ser graciosos con chistes listillos que sólo le parecen simpáticos a nuestros pares, igual de insulsos; nos sentimos los más inteligentes del mundo cuando vamos como ciegos de todas las cosas.

Yo no era la excepción de todo esto; le hacía honor a esa herencia de testosterona legada por generaciones y generaciones de imberbes. Lo aceptemos o no, somos animales que piensan con los güevos. Durante esa tierna juventud no hay espacio para la inteligencia emocional, para la reflexión madura o para la prudencia cortesana. Y lo más triste de todo es que muchos siguen así hasta que se mueren de viejos. Nadie nos enseña a sentir, y mucho menos a hablar de lo que sentimos; nos tragamos todo y luego nos explota cuando alguien nos pita en el tráfico o cuando algún otro energúmeno osa poner en duda nuestra mal construida masculinidad.

Parte del proceso de crecer es la rebeldía. Lanzamos una revolución contra el sistema del amor paterno, contra la escuela, contra la vida, pero con los fundamentos de un filósofo de lonchería que más bien intenta tener la razón por mero berrinche. Repito: pensamos con los güevos.

Al entrar en la adolescencia, todos, absolutamente todos los varones tenemos cara de caballo. Se nos alarga la quijada desproporcionalmente, comenzamos a apestar, a tocarnos, a investigar cómo nos gustaría ser amados sin pensar en devolver con decoro ese sentimiento. Cuando nos enamoramos —o creemos que nos enamoramos— y no nos corresponden, lloramos, se nos termina el mundo porque resulta que no somos tan machos alfa como creíamos. Somos niños de teta con pelos en la entrepierna.

V

Donde se esconden pesadillas

Durante la juventud, la rebeldía es una causa importante de sordera, aunque tengamos oídos vivimos presos de lo que creemos que es la verdad. Así fui yo, como las mulas, porque, además, nacemos salvajes, y mientras crecemos nos enfrentamos a dos aprendizajes: el que dejamos entrar por la puerta grande —porque es muy cómodo— de la comprensión de nuestros padres, y el que nos golpea en las narices cuando salimos al mundo, ése que duele, ése que viene con la violencia del mundo.

La vida es muy sabia, aunque a veces sea tan culera.

Salí de la preparatoria y vino la universidad. Durante ese periodo fui feliz, estuve triste, me enamoré, me rompieron el corazón y yo partí uno que otro. Quisiera decir que en ese periodo viví grandes aventuras y realicé actos heroicos, pero la verdad que ya era bastante épico trabajar y estudiar. Yo era un chico normal, con esa normalidad que a los hombres nos cuesta tanto admitir, porque siempre queremos ser el muchacho chicho de la película.

Sin embargo, hubo tres acontecimientos que marcaron mi vida: el primero lo encontré al trabajar limpiando una estación de radio. Ahí surgió el amor a lo inmaterial, el cariño que no espera nada más que la fascinación. Quedé prendado de las consolas, los micrófonos, la música, las voces y las ondas hertzianas que viajaban por el aire para comunicar emociones a miles de personas.

También me gradué como ingeniero topógrafo geodesta en la Universidad Autónoma de Sinaloa.

En tercer lugar, pero no menos importante, fue que me enamoré de una mujer espectacular, que hizo que hasta el recuerdo de Alma se diluyera, que hasta el cielo se hiciera más alto y que hasta mi sonrisa tomara un brillo inusitado.

Toda gloria tiene una contraparte baja, una pesadilla que nos persigue como una sombra. Esa oscuridad también la caminé. Vivir de arrimado en una casa que no es tuya o de tus padres hace que a los tres días apeste tu presencia; esto lo aprendí en la casa de mi abuela y mis tíos. En la universidad tuve un gran amigo: Gregorio Sánchez, quien me brindó no sólo su fraternidad, también su casa y su familia.

La colonia Texas, en la que él vivía, era muy temida y famosa por los cholos sanguinarios. Si en el barrio aparecía un intruso, cuidado. Y resulta que ese extraño era yo. Fue un sábado a eso de las diez y media de la noche; yo me dirigía a tomar el camión que me llevaba al centro. Mientras esperaba el transporte, me rodearon unos cholos y me empezaron a cuestionar por qué estaba yo ahí, en su barrio.

—Aquí vive un gran amigo, Gregorio Sánchez —respondí.

—A ese carnal no lo conocemos.

Me empujaron, aparecieron las navajas y, entre mi ingenuidad —o pendejismo—, no dimensioné el peligro; eché a correr y ellos detrás de mí.

—Párate, pinche puto, que te quiero dar baje —alcancé a escuchar.

—Pues no me sigas, güey, por eso no me paro —contesté, haciendo enojar aún más a mis perseguidores.

Sentí miedo, angustia, pensé en que mi cuerpo recibiría varios navajazos y que moriría desangrado, pero ese miedo me dio fuerzas para correr más rápido que ellos.

Logré escapar, pero aprendí una lección: el rencor no sirve para nada, pues yo pude haber odiado a aquellos cholos, pero mi falta de perdón no me hubiera protegido de sus navajas.

Mi vida en la radio, como empleado de limpieza, prácticamente había terminado. Cuando me gradué me acompañó mi mamá, ella fue la única que me felicitó y la única que me dijo: «Hijo, no importa que brindemos con una Coca-Cola en la mesa y con esta humilde comida». La presencia de mi madre era lo más importante.

El director de la universidad tenía una empresa que realizaba trabajos profesionales para constructoras. Cuando él se acercó a mi mesa durante la graduación, me dijo:

—Tú te quedas a trabajar en mi empresa, junto a los demás ingenieros.

Mi primer proyecto fue en la construcción de la clínica del Seguro Social en la ciudad de Los Mochis.

Cuando algo te hace falta, la escasez atrae más pobreza, pero cuando hay abundancia, todo se alinea. En esa época llegó una invitación de la directora de la escuela secundaria técnica de Los Mochis para que impartiera clases y acepté; me dieron horas en las asignaturas de física y matemáticas.

VI

Las recompensas
de la radio

Un día trabajando en los lineamientos y cimientos, recibí la llamada del secretario de organización del STIRT, el profesor Elías, quien me dijo:

—En XEPNK, Canal 88, hay una vacante, porque el locutor Agustín Torres Sotomayor deja la plaza, pues ha decidido meterse a la política y se va para el fuerte de Montesclaros. Me gustaría que vinieras para hacer una audición y, de ser seleccionado, te quedarías con la plaza.

Una chispa en mí se encendió, viajó desde mis pies hasta la cima de mi cabeza. Fue una emoción atronadora. Mientras hacía la limpieza en la estación de radio yo soñaba con estar ahí, dentro de una cabina, detrás de un micrófono.

—No. No me interesa —fue mi respuesta, la cual sorprendió incluso a una parte de mi corazón—. Yo ya estoy trabajando en algo relacionado con mi carrera, lo siento mucho.

Fue tanta la insistencia del profesor Elías, que aquella chispa de emoción no se apagó, sino que se hizo más brillante, así que accedí y fui al *casting*. Yo fui el elegido entre tres aspirantes.

Mi vida ya tenía tres motivos para trabajar: la radio, la secundaria como maestro y la constructora como ayudante de ingeniero. Prácticamente dormía tres horas por día.

Decidí recortar algunas tareas porque mi salud estaba a punto de estallar. Era difícil elegir. Por la ingeniería había llegado a la ciudad; la docencia llenaba mi espíritu y la radio era un sueño cumplido.

Corté el trabajo de ingeniería, pues dando clases encontré un motivo por el cual mi alma se regocijaba: una hermosa mujer, y quedándome en la secundaria tendría tiempo para enamorarla y me dijera que sí. Para mí, era la mujer más hermosa del mundo; me encantaba cómo me miraba, cómo vestía, cómo caminaba, cómo me hablaba por teléfono cuando estaba en la radio; su voz era un paraíso y mi vida se paralizaba cuando la escuchaba. Yo no tenía ojos para nadie más, su nombre: Liliana.

En la radio, me llegó la fama con un programa llamado *La hora del cupido metichón*, que involucraba a parejas que se mandaban dedicatorias por teléfono y les enviaba un flechazo, como Cupido, a través de un efecto de sonido.

Pronto empecé a realizar tardeadas en Morroco Discoteque, propiedad de mi gran amigo Micky Balderrama.

La popularidad también tiene su precio. Mi amor por Liliana era gigante y le hice la propuesta de que se fuera conmigo: robármela, como dicen en el pueblo.

—Es así o terminamos —le dije en medio de mi desesperación amorosa y miedo a perderla. Marqué el día y la hora.

Yo llegué media hora antes. Mis manos sudaban, mi estómago estaba hecho un nudo y mi alma crujía como una bolsa de papas fritas. Miedo, miedo, mucho miedo. ¿Y si no venía? Liliana estuvo ahí puntual y muy nerviosa. Llegamos a casa de mi hermano Adolfo y mi cuñada Pancha; nos quedamos tres días completamente desconectados, prácticamente escondidos, y regresamos a Los Mochis, a la casita que acababa de rentar, a unas cuantas cuadras de la casa de la familia de mi amor.

De inmediato, la suegra pidió hablar conmigo para arreglar todo. «Me van a casar, y está bien, me voy a casar», pensé.

Al llegar, pronto me vi rodeado de toda la familia. El tiempo se aceleraba y se detenía, dependiendo de mis emociones y de la mirada de mi novia; era como si estuviéramos en una película japonesa de arte desquiciado.

Dos problemas surgieron: yo no tenía muebles, ni tan siquiera sillas para sentarlos, y lo más grave fue que Liliana era menor de edad. La sala era como un mitin de protesta: todos de pie y a punto de tragarme con preguntas. Yo deseaba que se abriera la tierra para que me tragara. Como pude, logré acomodarme y prometí todo lo que ellos pedían, todo por el amor de Liliana. Pasaron los días y mi comportamiento como hombre dejaba mucho que desear; empecé a llegar tarde a casa y, lo peor fue que a veces el cuello de mi camisa me describía como un hombre sin honor, al llevar marcas de pintura de otros labios. Un día llegué a casa y no encontré a mi adorada Liliana, su mamá y sus hermanas la convencieron de abandonarme. En ese momento la sombra de mi propia inmundicia me cayó encima.

Fallé. Fallé y lloré. Hasta ese día yo había pensado en el daño recibido, en los golpes de mi padre, en el desprecio de Alma, en las burlas de mis tíos, en lo que yo creía que el mundo me negaba; nunca pensé en el sufrimiento que yo provocaba, en el perdón que yo debía pedir y no otorgar. Me había empeñado tanto en ser la víctima, que me convertí en verdugo.

Y lloré tanto que pensé en quitarme la vida. Luego, entre sollozos, fui con mi vecino, Juanito, un carpintero al que le había tomado mucha ley; platicábamos sobre Liliana mientras él trabajaba la madera y sonreía.

—Es por falta de madurez de ambos —explicó Juanito—. Ya volverá.

Pero no volvió, lo que llegó fue una carta del juzgado acusándome de robarme a una menor de edad, entre otros cargos. La cosa se empezó a complicar tanto, que tuve que pedir la ayuda de don Lupe Alvarado, el periodista de la radio más famoso y respetado de la región.

—Ya hablé con el juez, vas a tener que presentarte en barandilla; vas a entrar y a salir de la cárcel. Eso quiere decir que vas a poner un pie adentro y luego sales, después vas a firmar.

Yo estaba muy nervioso, reconocí mi error, pero también odiaba a las hermanas de Liliana por lo complicadas que eran. Era tanta mi soberbia, que preferí culparlas a ellas en lugar de arrepentirme de verdad, en vez de responsabilizarme por la basura en la que me había convertido. Como dije antes, el perdón a uno mismo es el más complicado.

Liliana y yo volvimos a tener contacto por teléfono y nos volvimos a hacer novios. Ella convenció a su mamá para que retirara la demanda. Nos casamos, y de ese amor nació nuestra hija Lilian.

El primer amor es inolvidable.

VII

La integridad no tiene precio

En 1989, los medios escritos daban fe de que yo era el locutor más famoso del noroeste de México, gracias a *La hora del cupido metichón*, y con este éxito como espada desenvainada, me incorporé activamente a la promoción político-electoral del señor Padilla como candidato a la dirigencia del STIRT (Sindicato de Trabajadores de la Industria de Radio y Televisión).

Lo que bien se promociona llega al triunfo, y Padilla no fue la excepción; gracias a mi apoyo incondicional, fui nombrado secretario de Organización de dicha institución «Una raya más al tigre», pensé, bañado en vanidad.

En este puesto, mi primer reto fue organizar un baile de *especulación* en un terreno donde, años atrás, había estado ubicada la empresa Pepsi-Cola, lugar que se habilitó para fiestas y que se conoció después como la «Pepsi vieja».

La publicidad en todas las radiodifusoras de ese evento no costo ni un centavo.

—¿Cómo salimos? ¿De cuánto fue la ganancia? —me preguntó nuestro orgulloso secretario, luego del evento.

De esa actividad se obtuvo una ganancia neta de muchos miles de pesos libres y limpios de polvo y paja, y se registró una entrada histórica de gente; dichos recursos se destinaron a la construcción de las oficinas del STIRT.

—En la siguiente asamblea sindical sólo reporta... —y mencionó una cantidad ridícula, algo así como el uno por ciento del total, y todavía sonaba a miles de pesos.

—¿Pero cómo? —respondí —. Yo no puedo hacer eso, sería un engaño y un robo.

—Lo vas a hacer porque yo te lo ordeno. Para eso te puse como secretario de Organización, para que me obedezcas.

—¿Y qué va a pasar con el resto del dinero? —pregunté ingenuamente.

—Me lo vas a dar a mí.

—No. Yo no voy a hacer eso. Eso es un robo.

—Escúchame bien, si das a conocer la cantidad real, yo me voy a encargar de sacarte de la radio —sentenció Padilla, iracundo.

Cuando anuncié en la asamblea sindical que el STIRT había obtenido en el baile los tantos miles de pesos de ganancias (la cantidad completa), los compañeros locutores se pusieron de pie y aplaudieron al secretario.

La persecución de Padilla en mi contra dio inicio. Aquélla fue la primera y única asamblea en la que participé, porque renuncié a mi puesto.

En ese entonces, la radiodifusora XEPNK Canal 88 ya era parte del Grupo OIR y, por lo tanto, pertenecía al STIRT. Orlando, el nuevo gerente de la estación hizo un trato vil, corriente y antiprofesional con Padilla: hacerme la vida miserable.

Comenzaron a fastidiarme con regaños, llamadas de atención y castigos que ponían por escrito para ensuciar mi expediente, hasta que Orlando me corrió e hizo que mi presencia en la radio apestara, aun estando en primer lugar de audiencia.

Ya sin trabajo, Miky Balderrama, dueño de la discoteca Morroco, me recomendó con el ingeniero Pérez para que me incorporara como locutor a una de las radiodifusoras del Grupo RSN (Radio Sistema del Noroeste).

Meses después, Padilla contrajo una penosa enfermedad que lo postró en cama. Decidí ir a su casa para que me diera autorización de abrir micrófonos en RSN. Me recibió su amable esposa y me dijo:

—Acompáñeme, él se encuentra en su habitación.

Me abrió la puerta encontré a Padilla en cama, tapado de los pies a los hombros con una sábana azul y con dos almohadas sosteniendo su cabeza. La comunicación entre él y yo estaba fracturada, así que fui muy económico:

—Buenas tardes, Padilla.

—Buenas tardes.

Creí que, por la delicada situación por la que estaba pasando, él bajaría la guardia y me ayudaría. Ahí estaba yo, humillándome, suplicando, rogando a aquel hombre postrado para que me diera la oportunidad de incorporarme como locutor a RSN.

—Jamás regresarás a la radio mientras yo sea secretario del STIRT —respondió Padilla, lleno de odio —. Hazle como quieras, jamás lo conseguirás. Tengo el apoyo de los de arriba, ellos me protegen. ¡Jamás regresarás a la radio aquí, en Los Mochis!

Como la muerte fue anunciada, la amenaza se cumplió.

En junio de 1995, partí en un autobús hacia la ciudad de Hermosillo, Sonora, para hacer los trámites de mi pasaporte.

De mi partida nadie se enteró, a nadie llamé y a nadie le dije, sólo compré un boleto y abordé el camión. En ese momento, únicamente sabía que deseaba salir de Los Mochis, largarme. Iba lleno de rabia, de coraje, de impotencia.

La cortina oscura del autobús ocultaba todo mi resentimiento; me agaché, lloré y, entre sollozos, pude sentir que las llantas del vehículo comenzaron a rodar, haciendo pedazos mi orgullo. Entre los escombros quedaron mi soberbia y mi gratitud. Quedé vulnerable ante la imagen de mis errores, ante todas la malas decisiones y las veces en las que actué mal.

La vida me estaba cobrando y yo no traía para pagar. Un pleito interno estaba sucediendo en mi mente. Todo lo que empezó bonito ahora estaba terminando horrible.

Cuando el autobús salió de la ciudad y se montó en la autopista 15, hacia el norte, levanté la mirada y pude ver la ciudad desde lejos. «Así como me diste, también te maldigo; prometo nunca más regresar».

Llegué a Hermosillo. En la embajada americana, después de una breve entrevista, un sello azul tatuó mi pasaporte verde.

Compré un boleto de avión hacia Los Ángeles, California. Mi hermano Celso me esperaba y me llevó a la ciudad de Oxnard, donde me presentaron a el mejor de los maestros de la radio: Brown Bear.

Ahí comenzó mi nueva historia.

Tenía que empezar de nuevo en un país con diferente idioma, cultura y una forma más moderna de hacer radio, estricta, concisa, creativa y rápida. Eso también significaba empezar desde el subterráneo anímico de mi alma.

Yo, venia sobrado de rencor, amargura, odio y rebosante de soberbia.

El tiempo, es como alcohol sobre una herida: va sanando poco a poco, y deja una cicatriz como recuerdo de que en la vida hay ciclos que se deben cerrar.

Dios actúa de una manera muy misteriosa, te quita todo, te humilla y luego te pone donde hay algo más grande para ti.

VIII

Los garrotazos del éxito

Mi éxito en la radio era arrollador, estaba en la cúspide de mi carrera como locutor; movía masas y tenía buenas amistades en el gremio de la radio.

En 1995, migré a Estados Unidos y meses después me traje a Liliana. Vivimos unos meses en Arizona, mientras trabajaba en la radio; fueron meses muy felices hasta que Liliana me dijo que extrañaba a su mamá y que deseaba volver a Los Mochis. Yo la apoyé en su decisión y terminamos nuestro matrimonio.

Diez años después me volví a casar y nació mi hija Cheila, en Tucson, Arizona. Yo estaba más motivado, consciente y estable para tener una familia. Dejé a las novias ocasionales y me dije:

«Ya basta, sienta cabeza, como te ha pedido tu madre».

Me casé bien decidido con una mujer divorciada y madura.

¿Elegí bien o me equivoqué? Cuando la elección es correcta, disfrutas y vives cada momento; cuando es un error, lo pagas. Mi esposa y yo teníamos buena comunicación y mi trabajo en la radio de Tucson cumplía con los estándares: era el programador número uno y el locutor más escuchado, por encima de las estaciones en inglés.

—Ya terminé de trabajar, así que allá nos vemos mi amor.

—Aquí te espero, ya tengo la comida lista.

Desayunaba muy bien y con tiempo, yo entraba a la radio a las diez de la mañana y terminaba a eso de las cuatro de la tarde para regresar a casa con mi amada esposa; así lo hacia todos los días. Los fines de semana íbamos con sus padres, algo que me agradaba bastante porque platicar con mi suegro era una experiencia de sonrisas y sabiduría.

Pero todo pasa; las cosas cambian y siempre pensamos que eso no nos va a suceder a nosotros; nos aferramos a un «vivieron felices para siempre» que no es más que una ilusión de película para niños ingenuos.

La música grupera con la que conquisté a mi mujer ya no le agradaba. Ella comenzó a revisar mi teléfono, a cercarme, a celarme. Admito que quizá eso a lo que llamamos karma me perseguía por lo que le hice a Liliana, pero en ese momento me victimicé de nuevo, creyendo que el perdón es una franquicia que nos pertenece.

La comida que cocinábamos juntos, pronto, me la tiraba en la mesa, las visitas a sus padres empezaron a convertirse en una obligación incómoda y los detalles materiales se transformaron en reclamos malintencionados, que asfixiaban.

—Todo va a cambiar —me dijo un día.

Me llamaba a las cuatro de la tarde en punto y ordenaba:

—Llegas en quince minutos, aquí te espero —luego colgaba.

La primera vez llegué a casa sin ganas de abrir la puerta, y sí, todo estaba cambiando. Yo cada vez esperaba un recibimiento agradable, pero parecía que las reglas eran más dictatoriales y drásticas tarde con tarde.

Por las mañanas, mientras ella preparaba el desayuno, yo vomitaba algo amarillo, ácido y amargo: bilis. Cada vez que ella me aplicaba una restricción, yo callaba. Sus cariños se fueron esfumando como las nubes cuando el sol las traspasa.

—¿Vas a querer tortillas de maíz o de harina?

—De maíz, por favor.

—Pues claro, los guachos son los que comen tortillas de maíz, porque los que somos de Sonora comemos tortillas de harina.

Éste sólo es un ejemplo de las pequeñas cosas que me iban pellizcando la vida, pues ni siquiera teníamos peleas largas y violentas, sólo esos pequeños guiños de crueldad. No tenía que ser tan inteligente para detectar que la guerra estaba declarada de su parte, que aquella mujer ya no era mi esposa, sino mi juez.

Mi rostro empezó a sufrir cambios, mis cabellos tapaban la coladera y las ojeras ensombrecían cualquier intento de felicidad.

Mis llegadas a casa eran controladas y monitoreadas en tiempos tan exactos que, de no llegar a tiempo, un circo infernal se desataba. Lo que antes eran chispas se convirtieron en volcanes furiosos.

Para un aniversario de la estación de radio, todo estaba planeado con un elenco arrollador y se esperaban multitudes. Un día antes del evento, el gerente nos extendió un comunicado anunciando que en *backstage* no se permitirían esposas, esposos, novias o novios. Mi mujer no podía aceptar esta decisión.

—Tú eres el director, y esa carta tú la hiciste. ¿Por qué no vamos a estar allá con ustedes?

—Hay una orden del gerente y se va a respetar —le dije, temeroso por sus reacciones.

En represalia, ella organizó una enorme borrachera entre las parejas de los locutores, con el pretexto de pasar semejante humillación. Me di cuenta del circo armado cuando regresábamos a casa. El camino estuvo sembrado de reclamos, gritos, llanto y faltas de respeto. Permanecí callado para no empeorar la situación. Al cerrar la puerta de la casa, las palabras se convirtieron en golpes en mi contra. De mi parte, no recibió respuesta a su violencia. Aquello rebasó los límites de mi amor, mi comprensión y mi confianza.

A partir de entonces, ya no me levantaba por mi voluntad, eran las sábanas las que me escupían.

Los gritos y las faltas de respeto eran siempre a puerta cerrada porque ella decía que no era correcto que los vecinos supieran nada.

Yo escuchaba sus maldiciones, y cuando sentía que ella había descargado su pecho, yo escapaba al patio trasero a caminar alrededor de la alberca para pensar qué hacer con mi vida, pero la noche y las estrellas no tenían respuestas para mis pensamientos.

Mi familia nunca supo de estos conflictos, porque cuando íbamos con ellos, yo trataba de no juntarla con todos.

Siempre que iba era con mi hermano Leonel y su esposa, Nereyda, asábamos carne. Eran momentos que me alejaban de toda la barbarie doméstica. El regreso a Tucson se complicaba: «¿Quién compró la carne, quién compró las tortillas, quién compró la verdura, quién compró el carbón?».

Ante los copiosos reclamos, varias veces sentí deseos de estrellar la camioneta contra un puente, tal vez así podría silenciar a aquella vendedora de intrigas, pero mejor planeaba cómo escapar de aquel tormento llamado «matrimonio». Yo estaba prácticamente secuestrado en mi propia casa.

¿Qué hacer para escapar? ¿Cómo salir de esa cárcel? ¿Cómo evitar que revisara las bolsas de mi pantalón, mi cartera y mi maletín de trabajo? Cada vez que yo salía a una reunión, me revisaba como un escáner en el aeropuerto.

Toda historia de angustia tiene su gran escape.

Hablé con un amigo y lo cité en la cafetería en la que realizaba las reuniones de trabajo; le rogué que fuera muy puntual, aunque él no sabía nada sobre mis planes.

Le dije a mi esposa que tenía una junta en el lugar de siempre y que se preparara para que, mientras yo cumplía con mi cita, ella se fuera quince minutos a la tienda de ropa. Accedió.

Iríamos en su auto, así que, en tanto se arreglaba, fui a la cochera, tomé el control remoto de la puerta del garaje y lo escondí en mi calcetín derecho, pues era el único lugar que no me revisaba.

Cuando llegó mi amigo y ella desapareció en la tienda, comenzó la acción.

—Vámonos, vámonos rápido. Llévame a mi casa, rápido.

Fueron minutos de angustia. Yo era hijo del miedo, mis manos sudaban, mi cara estaba desencajada, mi cuerpo temblaba por un frío imaginario y por saber que me enfrentaría a un inminente y severo castigo si la misión fallaba.

Llegamos a casa, abrí el portón, me despedí de mi amigo y le di las gracias, a punto de llorar de miedo o de alegría. Caminé hasta mi camioneta. ¿Me estaba olvidando de algo? Sí, de mi perro Elmo; lo tomé entre mis brazos y salimos.

Tomé el *freeway* 60, evitando las posibles vías por las que mi esposa podía volver a casa, aquella casa que ya no era la mía. Apagué mi celular; el ruido del motor y la respiración de Elmo eran el único *soundtrack* de mi escapada.

Miraba el espejo retrovisor; imaginaba que cada auto que se acercaba era el de ella.

Llegué a Phoenix y me instalé en un hotel de los que puedes pagar por semana, tienen cama y cocina con sus utensilios. A los tres días me comuniqué con mi mejor amigo.

Me atreví a encender el teléfono y a escuchar los mensajes amenazadores de mi esposa y de su familia en el buzón. Hasta el papá de su hija me gritaba en la bocina. Ella había armado una telenovela, haciéndose la víctima y dejándome como el villano. También había un mensaje de mi hermano Leonel: «Hermano, por el amor de nuestra madre, dime que estás bien; háblame porque hay mucha preocupación en la familia». Me comuniqué con él y le dije que todo estaba en orden, que no se preocupara y que se encargara de tranquilizar a mi madre.

Volví a apagar el móvil.

No sé si odiaba tanto a esa mujer como para defenderme de sus ataques físicos o si era lástima lo que me provocaba, pero no quería saber nada de ella.

En mi huida, no me importó dejar la casa que había comprado, mi ropa o la chequera del negocio; nada era mejor que mi libertad, el aire puro, sentirme dueño de mí mismo, sin esas cadenas que me dejaron una herida profunda.

Después de tres o cuatro semanas, yo aún temblaba con la mención de su nombre.

Hoy, con el paso de los años he podido ver dónde estuve mal y dónde bien. Mejoro cada día y, aun así, me sigo equivocando, pero ya tengo el antídoto.

Me he curado de las venganzas.

He perdonado.

IX

El perdón y el agradecimiento

En una relación de pareja marcada por la violencia y las dificultades, lo mejor es enfocarse en la recuperación y el aprendizaje. Con la separación viene la oportunidad de sanar y de crecer, creando oportunidades desde un punto de reinicio.

Cuando hubo destrucción, lo mejor está en reconstruir; es entonces cuando nace un nuevo ser que prioriza el bienestar en el futuro, con la esperanza de establecer nuevas y más sanas relaciones, utilizando lo aprendido para evitar situaciones similares.

He llegado a la conclusión de que todo lo que me ha dañado me ha fortalecido para convertirme en una mejor persona, más sensible y con más propuestas firmes para ya no llevar en mis espaldas una mochila llena de rencores, odios, pesares, traiciones y pensamientos mezquinos que sólo causan molestias y confusión mental y física.

Hoy agradezco haber tenido un padre que no me daba grandes oportunidades de libertad, porque tal vez eso me hubiera conducido a la perdición. Cuando me lanzaba las ofensas o que se avergonzaba, aun así iba a verme jugar y estoy seguro de que hoy estaría orgulloso de mí.

Hoy agradezco que tuve en la primaria un profesor con un anillo amansa piojos, que sólo deseaba enfocarme en los estudios y que no me distrajera. Hoy, le doy gracias a la vida porque incluso el más fifiruchito, chaparro y lombriciento puede y tiene la capacidad de perdonar.

Gracias por mi tío Octavio, quien con el humo de su camioneta me enseñó a ser responsable y a cooperar cuando uno se encuentra en casa ajena. Como decía mi madre: «¿Quieres saber quién es?, vive con él un mes».

Agradezco al señor Padilla, secretario general del STIRT, quien me dijo firmemente «no más». En su momento, por rabia, resentimiento e impotencia, llegué a odiarlo tanto que le deseé la muerte y le menté la madre en cada oportunidad. Era tanto mi rencor, que me convertí en una persona infeliz, amargada, desconfiada y triste. Hoy soy libre y puedo correr a abrazarlo y decirle: «Gracias por sostener tu palabra de cerrarme las puertas de la radio de Los Mochis, porque sin esa promesa, no me hubiera convertido en lo que soy».

¿Quién soy? Soy un caballero con integridad, un humano sensible y único; poseo la disposición para ayudar y servir a mis semejantes.

Dios a veces actúa de forma secreta, perfecta y única. Me quitó de donde él sabía que ya había cumplido con un ciclo, luego me humilló echándome a la calle para recibir los azotes, hacia la cruz. A mi modo, padecí; sufrí ese trayecto, pero de lo que estoy muy seguro es de que Él nunca me dejó de su mano.

Morí y nací nuevamente.
¡Soy un hombre libre!

X

Libertad

Cuando una persona ha transitado por amarguras, desconfianzas, tristezas y traiciones, y emerge de esos estados con un sentimiento de libertad, se ha transformado a profundidad. Al liberarse de emociones negativas, puede hallarse la felicidad —a pesar de las adversidades. Este proceso es una forma de resiliencia, en el que el individuo crece y se fortalece emocional y espiritualmente.

Esta libertad no es sólo de restricciones externas, sino de las cadenas internas que limitan el bienestar y permean todos los aspectos de su vida, permitiendo vivir con autenticidad y armonía. Tal estado puede ser increíblemente empoderador, ya que la persona se siente capaz de elegir su propio camino y tomar decisiones que reflejan su verdadero yo, sus valores y aspiraciones.

Cuando una persona se siente libre, generalmente se refiere a un estado de autonomía, con la capacidad de actuar según sus propias decisiones, sin restricciones externas ni internas. Este sentimiento involucra la capacidad de expresarse abiertamente, de tomar decisiones sin miedo a la censura o a las represalias, y de vivir de una manera que refleje sus valores y deseos reales.

La libertad también implica un sentido de paz y de alivio al poder vivir auténticamente, sin la presión de las expectativas o normas impuestas. Esa libertad sólo es posible a través del perdón otorgado y del perdón solicitado.

Mientras no liberes a la bestia emocional que traes encarcelada en tu pecho, seguirás con el grillete de castigo en el cuello; sin embargo, La libertad únicamente llega cuando los grilletes aprietan más, cuando tocas fondo.

Con el tiempo, busqué a mi exesposa y le dije: «Te perdono por todas las cosas que me hiciste, no sólo físicas, también mentales, y porque a veces me hiciste dudar de mis capacidades». Después de mi huida, pude enfrentarme a retos más grandes en los medios de comunicación y viajé a Los Ángeles, donde, tres años después, el 28 mayo de 2015, se me otorgó la estrella número 72 en el Paseo de la fama de Las Vegas, como programador.

XI

Aprendizaje

No todo tiene que estar limpio en el camino; a veces, Dios nos manda mensajes disfrazados de fracaso, de aburrimiento, de humillación, de desaliento. Podemos pensar: «¿Por qué yo?», pero Dios siempre nos quita algo para entregarnos algo más grande.

Jesús resucitó al tercer día. Creo en la regla de tres: Dios padre, Dios hijo y Dios Espíritu Santo. Para mí, son los grandes personajes que me inspiran para ser mejor cada día.

Desde mi conocimiento, y respetando todos los criterios, pienso que el mejor presidente del mundo fue Nelson Mandela, el mejor general ha sido Colin Powell y la mujer más humanitaria ha sido la madre Teresa de Calcuta, porque ellos evitaron la soberbia, la ignorancia y la ingratitud.

Tres cosas debemos controlar: el carácter, la lengua y la conducta.

Tres cosas que debemos vivir: la alegría, la paz y la serenidad.

Sobre tres cosas debemos meditar: la vida, la muerte y la eternidad.

La felicidad va enlazada con tus sentimientos, por lo tanto, acepta el perdón y perdona; libera al esclavo que has llevado por mucho tiempo en tu pecho. La libertad va enlazada con la salud física y mental.

> Recuerda: perdonar es sentirte libre y ser maduro, es tener coherencia y cumplir tu palabra, es estar preparado para convertirte en algo grande y tener éxito; es conquistar tus propios miedos.

Deja que los años te den madurez, que los meses te muestren cordura y que los días te muestren avances paulatinos hacia una conclusión llena de armonía.

Déjate guiar por la intuición, que es genuina, sana y correcta; no falla porque tiene la esencia del angelito que nos dice al oído: «Pórtate bien, ya has hecho mucho desastre en tu vida, ahora es tiempo de hacer algo para la eternidad».

La reflexión para tener un balance más humano y terrenal es buscar la vida después de la muerte —la eternidad—, pero no en la Tierra, sino en el cielo.

¿A qué edad vas a morir? Un gran porcentaje de la gente diría que durante la vejez.

Las estadísticas dicen que los ancianos morirán antes que nosotros, pero esta lógica está torcida. En Estados Unidos la esperanza de vida rasga los 72 años.

No, no y no.

Bruce Lee murió a los 32, en Kowloon Tong, Hong Kong. Pedro Infante falleció a los 39, en Mérida, México. Elvis Presley trascendió a los 42, en Graceland, Memphis. Michael Jackson se fue a los 50, en Holmby Hills, California. Steve Jobs murió a los 56, en Palo Alto, California. La madre Teresa de Calcuta, nos dejó a los 87, en Kolkata, India.

Nuestra muerte es segura, lo incierto es el cuándo, el dónde y el cómo.

Cuando salimos de casa nos despedimos diciendo: «Al rato vengo… Nos vemos», como si estuviéramos cien por ciento seguros de regresar.

Desde el momento en que abrimos la puerta de nuestra casa empieza el peligro. Por eso, debemos estar en paz con nuestros seres queridos, porque no sabemos cuándo ni dónde encontraremos el límite de la existencia.

Lo ideal es morir sin remordimientos, morir sin rencores, morir sin dejar un saludo pendiente, un «te amo», un «te quiero», un «te perdono» o un «perdóname».

Mientras la muerte no se presente, vive cada instante, disfruta de las cosas que amas, pórtate elegantemente bien.

No malgastes los minutos forzando a tu organismo, durmiendo sólo dos o tres horas al día con el pretexto del trabajo.

No sacrifiques a tus hijos viéndolos únicamente dormidos al llegar e irte al trabajo. Ellos están esperando un abrazo lleno de amor. La familia necesita comunicación más directa, conversaciones sin reclamos, requiere consejos, confianza y alegría. Corta el vínculo de mensajes de texto, que son tan fríos como la nieve. Mira los ojos de tus seres amados y dales el mensaje directo; inspíralos sin regaños y reclamos. No esperes a que sea demasiado tarde.

Para no perderte

Escucha tu voz, y no me refiero a la que sale de tu boca, sino a la interior, la que te susurra y te dice a quién debes dejar ir y a quién conservar en tu vida.

Esa voz te dice «sí», cuando en realidad quieres decir «no». Es la voz que te toca profundamente para tomar la decisión más sabia. Es la voz de la experiencia que ha trascendido por varias generaciones y que hoy habita en ti.

**Sí, es la voz interior, es la voz que
tiene un aura dorada cargada
con la inspiración divina.**

La voz interior es tu guía, la que siempre va contigo y emerge cuando vas a tomar una decisión arriesgada para aconsejarte lo más correcto.

Esa voz te indica si la persona que está a tu lado es la ideal para vivir el resto de tu vida, o no.

Ella te ama, te cuida y te recuerda que ningún millonario, ningún gobierno y ningún algoritmo decide por ti.

**Confía siempre en tu voz
interior, la tenemos todos,
pero pocos la escuchamos.**

El sueño equivocado

Había un jornalero que trabajaba de sol a sol; a veces sus días empezaban desde las tres de la mañana. Regresaba a su casa al oscurecer; su esposa lo esperaba con su comida favorita para recompensar su esfuerzo.

En aquel pueblo se vivía sólo esperando la lluvia para poder lograr una cosecha.

Un sueño despertaba al jornalero en medio de la noche: soñaba con sembrar cebolla, mucha cebolla para venderla en la ciudad, a donde acudían los dueños de tiendas de abarrotes, supermercados y restaurantes para surtirse.

La primavera se asomaba por las cortinas de aquellas gigantescas montañas, tan grandes, que el sol tardaba en calentar ese viejo y olvidado pueblo. En ese valle, el jornalero sembró su sueño de cebolla.

Fue a la ciudad y le platicó su idea al dueño de la tienda agrícola más grande de la región, quien acordó con el jornalero que como empresario aportaría la semilla y él se encargaría de sembrar, cuidar, regar y cosechar la anhelada cebolla. Las ganancias se dividirían una vez vendida la cosecha.

El jornalero venía contento, traía los primeros seis costales para hacer su sembradillo. Llegó a su casa y le contó a su esposa que al día siguiente empezaría a preparar la tierra para luego esperar la lluvia que siempre llegaba con la primavera, y así fue: llovió a cántaros.

El jornalero era el más feliz de aquel rancho con carencias, tantas, que ni comisariado tenía, y justamente a él le habían ofrecido ese puesto.

—Y yo para qué quiero ese puesto; es un hueso que ni carne tiene, sólo problemas y eso es lo que no deseo en mi vida —respondió.

Al tercer día después de la lluvia, el jornalero se levantó temprano, pues decía que la tierra ya estaba oreada y no lodosa; era el momento adecuado para hacer la plantación. Se llevó a la esposa y a sus tres hijos para aprovechar la humedad del suelo.

En seis días terminaron de sembrar las nueve hectáreas que el jornalero había heredado de sus padres.

Pasó una semana, dos, tres y luego un mes. El jornalero se reportó con su socio para platicarle los avances.

Aquel empresario le dijo que le gustaría ir a ver esas cebollas verdes y gordas de las que el jornalero le contaba, así que un martes, muy temprano, el comerciante llegó en su camioneta frente a la humilde casa del jornalero.

El jornalero iba fascinado en aquella camioneta, sentía emoción y los ojos le brillaban; bajó el vidrio y sacó el brazo para sentir el aire y el olor a campo.

—Y esta *trocona*, ¿como cuánto cuesta, patrón?

—Mucho dinero, pero hay que trabajar muy duro e inteligentemente para comprarla.

—¿Y cuántas tiene, patroncito?

—¡Tengo tres camionetas y tres carros! —presumió el comerciante.

—Ah, caray, y yo todavía con mis mulitas.

—¿Te gustaría tener una de estas?

—Pues sí, patrón, pero como usted dice, hay que trabajar harto.

Llegaron a la parcela y el comerciante pudo comprobar lo verdes y crecidas que estaban las cebollas.

«Este campesino es muy feliz aquí, con sus tierritas, con sus mulas, con su cabañita y su hornilla, unos cuantos sartenes para cocinar y sus gallinas; si quiere comer caldito, mata una y ya. En cambio, yo, tengo que chambearle duro y macizo para hacer todos mis pagos», pensaba el empresario.

«Yo quiero ser como el patrón; quiero tener una tiendota, los seis carros y todo lo que él hace para tener esas comodidades y riquezas», pensaba el jornalero mientras bebía un sorbo de café caliente.

—¿Cómo ve la siembrita, patrón?

—Muy buena, es un gusto poder hacer tratos contigo.

—Pues en treinta días ya podremos empezar a vender los mazos de cebolla verde. A la gente le gusta comerla con su menudito y su pozolito.

—Está bien, en treinta días consigue trabajadores para empezar a vender la cebolla allá en la tienda.

—Oiga, patrón, ¿y si los trabajadores son mi mujer y mis hijos me paga ese dinerito? —se le ocurrió al jornalero

—Claro, así se ayudan ustedes y pueden tener su guardadito.

—Gracias, patrón, yo le aviso a mi mujer y a mis hijos; se van a poner *retecontentos*.

Empresario y jornalero caminaron por los surcos de tierra húmeda y ambos parecían muy satisfechos por el resultado.

—Mire, patrón, pruébelas, están buenas y macizas, sin plagas y sin fertilizantes.

Al comerciante se le salieron las lágrimas cuando mordió la cebolla y se aventó otro trago de café para contrarrestar el ardor. Regresaron a la camioneta, se sacudieron el lodo y el jornalero dejó escapar sus pensamientos.

—Patroncito, ¿cuándo tendré una de éstas? —. Él mismo se respondió —: Nunca, ¿verdad? Es mucho soñar para un pobre campesino como yo.

El empresario rio entre dientes, se sorprendió de que aquel fuera tan humilde, pero también ambicioso.

El jornalero quería ser como el patrón y el patrón como el campesino.

Al llegar a la cabaña, al comerciante le llamó la atención que la esposa de su socio ya tenía preparada la comida: gallina en caldo con calabacitas, ejotes y zanahoria, además de tortillas de maíz. El comerciante nunca había probado un caldo con ese sazón.

—Qué chulada de casita y qué buena comida, me está gustando la vida de rancho.

—Usted tiene una más grande, con alberca y muchos cuartos; aquí dormimos todos amontonados.

Todos se rieron, incluyendo a la señora.

—Bueno, nos vemos en treinta días para levantar la primera cosecha, aquí te dejo un adelanto por todo el trabajo que has hecho.

El comerciante sacó un fajo de billetes arrugados.

—Esto es por la comida y por todo lo que vamos a ganar con la cosecha.

El jornalero estaba asombrado; nunca había visto tantos billetes juntos.

—Ándale, agárralos, que en la casa tengo más.

El jornalero quería tomarlos, pero se sentía nervioso; estiraba la mano y luego se cruzaba de brazos, se rascaba la cabeza, se quitaba y se volvía a poner el sombrero.

—Pero patrón, es mucho dinero.

—Ándale, en la casa tengo más, ya te dije.

—¿Cómo ves vieja, los agarro?

—Sí viejo. Si el señor te los está dando, tú agárralos.

—Está bien, patrón, los voy a aceptar, después de la cosecha hacemos cuentas.

—No te preocupes, esto es por el caldito de gallina y las tortillitas de maíz.

—¿A poco, patrón?

—Sí. Usted tiene una muy bonita familia; cómpreles ropa y unos tenis a sus hijos, mándelos a la escuela para que estudien y se preparen.

—Gracias, patrón. Dios le dé más.

Sellaron su amistad con un apretón de manos. El comerciante supo por primera vez lo que es una persona de campo, de manos trabajadas, muy bien curtidas y con callos que escondían las cicatrices del machete y la pala.

La señora le entregó al comerciante una bolsa con unos cuantos huevos, tomates, cebollas y calabacitas recién cortadas, aparte puso un mazo de cilantro verde y unas cuantas tortillas de maíz recién salidas del comal.

—Son para su familia, buen señor, lléveselas.

—Gracias, señora, de su parte, le diré a mi familia.

Aquel empresario estaba maravillado por la forma de vivir de aquel campesino y su familia.

De regreso, el empresario se notaba distraído, pensativo; estaba fascinado con lo que acababa de vivir y una lágrima delató su sentir.

El jornalero, en su cabaña, tenía sentimientos encontrados. Su esposa y él no sabían contar el dinero, lo enterraron en una esquina y lo volvieron a sacar. No hallaban qué hacer con los billetes.

—Sabes, vieja, a mí me gustaría ser como el patrón, vivir en esa casota, con alberca, con carros y con esa tiendota.

Mientras, la nostalgia embargaba al empresario; una tristeza profunda acompañaba un llanto que resultaba inexplicable.

Pasaron tres días y el comerciante se presentó sin avisar en la cabaña del jornalero y le pidió a la señora que le prepara otro caldito de gallina.

La mujer le ordenó a su hijo de seis años que agarrara la gallina más gorda. Al de cinco años le pidió que piscara unas cuantas calabacitas tiernas, zanahorias, un puñado de ejotes verdes y que le pidiera al vecino tres elotes. Mientras, ella atizaba las brasas del hogar.

—Buenas tardes, patrón, creí que nos veríamos en treinta días —dijo el jornalero sorprendido al entrar en su casa y ver a su socio.

—Me gusto este caldito de gallina y la forma en la que viven; vine para pedirle a tu esposa que preparara otro, como el de la semana pasada, y aquí estoy.

Se sentaron a la mesa. La olla dejaba escapar el aroma del caldo que pronto estuvo servido frente a ellos.

—Ésta sí es felicidad, gracias por recibirme en tan humilde mansión.

—Cuál mansión, patrón: ésta es una pequeña cabaña de terrado y largas latas del monte, con techo de palma y otras ramas de álamo.

—Como sea, para mí es una mansión y ustedes son ricos y millonarios. Quiero invitarlos a mi casa, así como ustedes me invitan a la suya.

—¿De verdad, patrón, a su casota?

El empresario sonrió, pero se le notaba algo de tristeza, como si algo le doliera.

—Claro, los invito la próxima semana, yo vengo por ustedes.

Mientras disfrutaban del caldo de gallina, el comerciante pudo observar que esa familia era transparente, no se ocultaban nada y en sus pertenencias sólo tenían lo que realmente necesitaban: una mesa con cuatro sillas, cuatro bancos que habían hecho de un tronco de álamo, mismos que servían para disfrutar en las mañanas de un soleado día. Sólo observaba, no preguntaba, pero admitía que eran más ricos que él.

Se volvió a despedir y agradeció tan amable gesto de disfrutar de su compañía y del famoso caldo de gallina.

Como lo prometió, la semana siguiente llegó por ellos en la camioneta y, al ver que se cumplía la palabra del comerciante, el jornalero y su familia se sacudieron los pies para subirse.

—Límpiense bien los pies —ordenó la señora.

—Gracias, patrón, nos bañamos todos.

—Je, je, je; ahora sí se le hizo al agua.

—Sí patrón, el agua del pozo está helada y batallo con mis chamacos pa'que se den un baño vaquero.

Llegaron a la casona del patrón y un enorme portón les dio la bienvenida.

—Ésta sí es casa — dijo la esposa del jornalero.

Caminaron por sendero de adoquín y pavimento hasta llegar a unos largos jardines donde se perdía la vista con tantas flores. Los niños miraban hacia todos lados y se tropezaban entre ellos al ver tantos árboles. Más allá, había una laguna artificial y una fuente estilo español.

Antes de seguir apareció una ardilla comiendo una nuez y haciendo piruetas. Uno de los niños exclamó:

—Esta ardilla juega con nosotros, las del rancho corren cuando nos ven, saben que nos las comemos.

Una fuerte carcajada se dejó escuchar.

El comerciante caminaba al frente, pero no tan lejos, daba tiempo a los invitados para que pudieran apreciar los jardines y la fachada de la casa.

Subieron dos escalones y un pasillo largo conducía hasta la puerta gigante que guardaba la entrada principal. El comerciante presionó una perilla y abrió puerta. Al entrar había un piano de cola negro con blanco, a la izquierda, una sala con adornos cuidadosamente elegidos; a la derecha, otra sala con un sillón era custodiada por un hermoso ventanal. Después había dos pasillos, el patrón los invito a caminar a la diestra, donde se podía ver un inmenso piso que brillaba tanto que encandilaba. Por todos lados había floreros altos y fornidos con flores artificiales y moños que ahorcaban los jarrones. Baños a la derecha y a la izquierda. Al fondo una mesa de billar con un espejo grande, una barra de cantina con vinos y copas. Llegaron a la cocina con la estufa incrustada en una isla central; todo el entorno era de granito.

Frente a la cocina se estacionaba un desayunador con seis sillas pesadas y muy bien acabadas.

—¿Gustan algo de tomar? ¿Agua, té, jugo, soda, alguna cerveza o una copa de vino?

Tardaron en contestar; no terminaban de digerir tanta impresión en unos cuantos minutos de recorrido.

—Sí, claro, agua, por favor.

El comerciante presionó un botón y llegó una ama de casa para cumplir con la petición de los invitados.

Ahí estaban los campesinos, los invitados, los socios del patrón, cómodos, pero a la vez sentían algo que ellos mismos no podían describir; entonces el jornalero preguntó:

—¿Y su señora, patrón?

—Ahorita viene, ella sabe que ustedes están aquí; le he contado mucho de tan hermosa familia.

—Qué bueno.

—Voy por mi esposa, ya regreso pronto.

La familia campesina tenía sed, entonces pidieron una gran jarra de agua, mientras se filtraba un fresco y oloroso café americano en una moderna cafetera.

Minutos después, el comerciante llegó con su esposa, ella sentada en una silla de ruedas eléctrica.

—Ella es mi esposa, Sarita, la mujer que tanto amo; la primera mujer que creyó en mí y que me ha acompañado desde la secundaria, cuando nos conocimos.

Todos los invitados fueron a saludar a Sarita.

Rompieron el hielo mientras bebían café americano con galletas. Hubo risas, porque el jornalero hacía mucho ruido cuando comía y sorbía el café. A Sarita le hicieron círculo y cada uno le otorgaba un pedazo de galleta mojada, luego empezó la verdadera comida con una sabrosa paella valenciana.

Había una festa en aquella casa, con unos invitados de verdad y de amistad sincera. Pronto entraron en confianza y el comerciante les pudo platicar de la historia en esa vivienda.

—Quiero decirles que ustedes son diferentes a muchas familias. Dios me los ha traído para alegrar a mi esposa. Hace tres años que ella no había salido de su habitación debido a una depresión. Cuando le comenté de ustedes y cómo los conocí, se interesó en que los invitara a nuestra casa. Gracias por venir y estar aquí.

»Hace tres años y medio que mis cuatro hijos y nosotros dos decidimos ir de vacaciones a Flagstaff, Arizona. Íbamos riendo y cantando, contemplábamos el paisaje; yo manejaba y mi esposa iba al lado. Estábamos por llegar al hotel y en la curva de la I-70 un tráiler, que venía cargado de madera, nos arrolló y fuimos a caer a un barranco. Mis cuatro hijos murieron por no traer puesto su cinturón; mi esposa, durante seis meses se debatió entre la vida y la muerte, quedando parapléjica. Aunque los doctores han dicho que su recuperación es satisfactoria, hemos esperado la sanidad de su columna y no ha habido avances gratos.

»A mí me podrán ver allá en la tiendota, como dicen ustedes. La gente y los clientes son una forma de distracción, pero mi pensamiento está en otra parte, en el accidente o aquí en el cuarto oscuro donde mi esposa poco a poco agoniza respirando el pasado que ya no se puede cambiar. Ella a diario tiene reclamos contra el conductor del tráiler, contra mí, contra el destino y contra Dios.

»Mi vida está llena de rencores y odio. A veces me uno a ella en los reclamos hacia Dios, siento un ardor en mi pecho y una amargura que recorre todo mi ser; es desesperante ver y sentir el rechazo de mi esposa. Por eso les he dicho que ustedes son ricos y millonarios. Tienen una casita humilde, pero con mucho amor; en ese lugar ven a sus hijos, los abrazan, los apapachan y conviven en una mesa, ríen y disfrutan de un amanecer y un atardecer. ¡Ustedes tienen todo! En cambio, nosotros podemos decir que sólo tenemos dinero y una vida destrozada. Seguimos siendo esclavos de la amargura, no tenemos paz ni libertad emocional. Sabemos que es un proceso y debemos aprender a vivir con lo que nos pasó, queremos reconciliarnos con Dios y lograr una sanación espiritual, porque es ahí desde donde nacen la paz y la libertad del espíritu».

El comerciante tenía desencajada la cara al abordar su historia sin filtros. El jornalero se apresuró y bebió un trago largo de café; rechinó los dientes al morder una galleta garapiñada con nuez, se rompió el silencio y todos rieron para romper el estrés. El jornalero quedó impresionado al pensar que por un instante deseó tener la vida del comerciante.

La felicidad es una elección de cada individuo, no habita en lo material, al contrario, muchas de esas cosas quitan paz, libertad y tiempo.

**La felicidad se alimenta de paz
interior y de libertad emocional.**

Antídoto

Cuando una persona no perdona y se siente oprimida o restringida en sus sentimientos, puede experimentar una serie de consecuencias emocionales y físicas. El no perdonar suele estar ligado con sostener resentimientos y amarguras, lo que puede llevar a un estado de estrés constante.

Este estrés no sólo afecta el bienestar emocional, también puede tener impacto negativo en la salud física, como aumento en la presión arterial o disminución en la eficiencia del sistema inmunológico.

Desde una perspectiva emocional, retener el perdón puede impedir el desarrollo personal y limitar la capacidad de la persona para experimentar alegría y satisfacción en sus relaciones y en su vida diaria.

En términos de crecimiento personal, aprender a perdonar puede ser liberador y puede facilitar una mayor apertura hacia los demás y hacia nuevas experiencias. Además, el perdón puede llevar a una mayor comprensión y empatía, fortaleciendo las relaciones personales y contribuyendo a una mayor paz interior.

El perdón es el antídoto de la esclavitud emocional.

Hoy

El hoy, es más importante que el ayer y que el mañana, por eso, lo que vayas a hacer hazlo hoy, porque un día no podrás. Un día no podrás crecer más, un día no podrás correr más, un día no podrás caminar más, un día no podrás ir a la montaña, un día no podrás viajar o disfrutar esa comida.

Exprésate hoy; un día no podrás hablar. Hazlo hoy, no te quedes con el deseo de pedir perdón porque un día ni despedirte podrás. Hazlo hoy, porque no eres eterno.

Nubes de humo

Bob Marley, con humo y sin él, fue feliz. Aunque vivió en pobreza extrema, eso no le impidió ser una persona libre y humana para perdonar.

Amor, perdón y reconciliación, sólo eso se necesita para que un niño nacido un 6 de febrero de 1945, en Jamaica, comparta con su música amor, paz y reconciliación, y dedique su vida a sanar el mundo con el reggae.

Desde pequeño, pudo sentir y ver la segregación por ser un hijo de un inglés y una mujer nacida jamaicana. Bob Marley fue una mezcla, como el arcoíris, pero sabía que ésa no fue su decisión, sino la de sus padres, que en un acto de amor se fundieron apagando rencores y odios.

En un concierto en el estadio Nacional de Kingston, Jamaica, Bob invitó a dos opositores políticos (Michael Mandley y Edward Seaga) al escenario para que se dieran la mano mientras sonaba *Jammin*, su emblemática canción. Jamaica vivía tiempos muy difíciles y dolorosos con la guerra entre pandillas, prevalecía la violencia, amenazas, miedo y Bob argumentaba que la música, el reggae y el mensaje cantado eran la única arma para vencer el odio.

Bob le hizo frente al exilio que sufrió debido a amenazas y ataques directos hacia él y su familia. Fue obligado a partir lejos de su hogar, de su país y del pueblo que lo vio nacer y crecer. En vez de reprochar, compuso uno de sus álbumes más exitosos, titulado *Exodus*, en el cual denunciaba pacíficamente del despojo de sus ancestros y, con sus melodías, el ritmo e historias vividas, invitó a ser más humanos y contribuir con una actitud sana, a salvar el mundo de todo el odio que nos separa y a veces nos lo llevamos hasta la tumba.

**«Todo el mundo quiere felicidad sin
dolor, pero no se puede tener un
arcoíris sin un poco de lluvia».**

**«La vida es corta, sonríele a quien
llora, ignora a quien te critica, y
sé feliz con quien te importa».**

**«Es mejor morir luchando por
la libertad, que ser un preso
todos los días de tu vida».**

«La opinión es tuya, pero la vida es mía».

«Sufrimos mucho por lo que
nos falta y disfrutamos poco de
lo mucho que tenemos».

«Si podemos llorar de felicidad,
¿por qué no reír en la tristeza?».

«Si te hizo feliz, no cuenta como error».

«Nada es para siempre; el café se
enfría, el cigarro se apaga, el tiempo
pasa y las personas cambian».

«Conserva lo que tienes, olvida lo que
duele, lucha por lo que quieres, valora
lo que posees, perdona a los que te
hieren y disfruta de los que te aman».

Bob Marley tenía una filosofía de vida tan fácil como la tabla del 1: convertía una adversidad en enseñanza, capturaba una mala mirada como un semblante carente de amor y provocaba una sonrisa; si alguien le faltaba al respeto le enseñaba cómo ser humilde, al corazón duro le mostraba el amor, sabía perdonar y pedir perdón porque había experimentado que de esa manera obtenía libertad y una paz emocional.

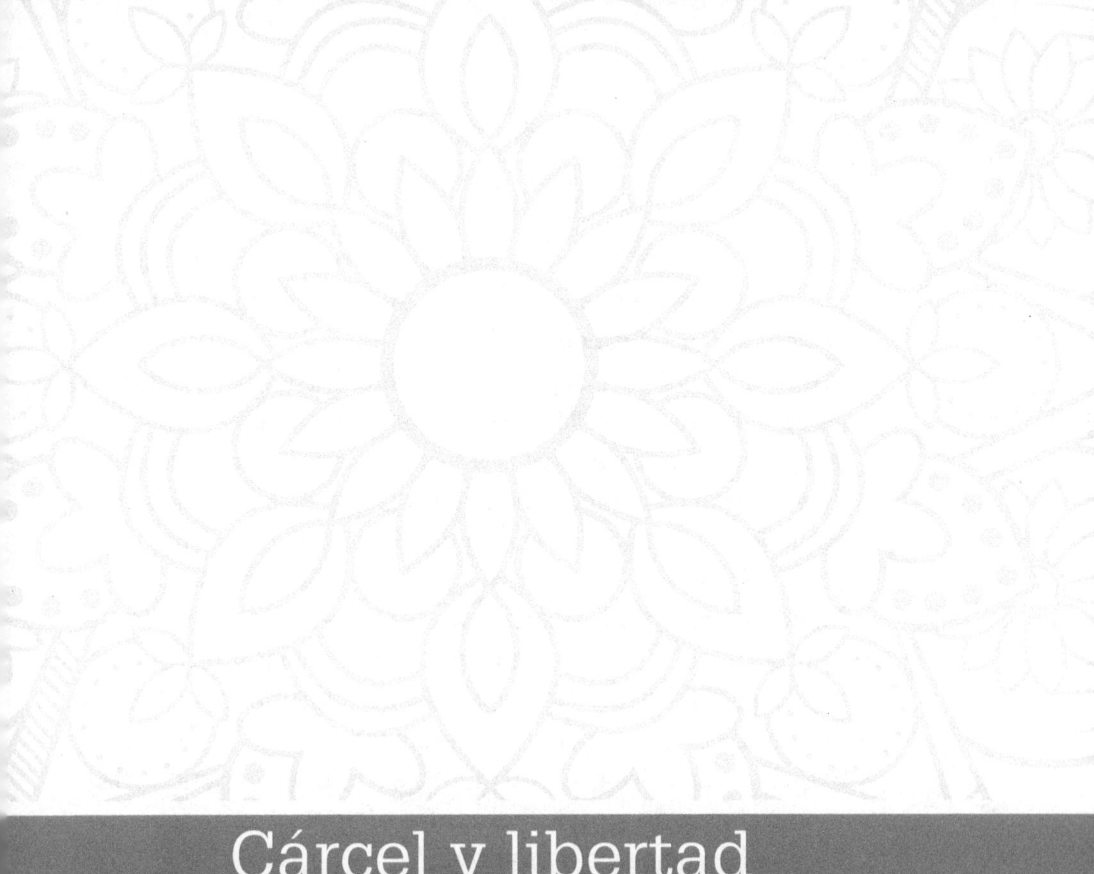

Cárcel y libertad

Nelson Mandela fue encarcelado en Robben Island, donde permaneció durante dieciocho de sus veintisiete años de presidio.

El 12 de junio de 1964, Mandela recibió cadena perpetua por el sabotaje contra el gobierno del *apartheid* de Sudáfrica.

El odio era la moneda circulante en el país. Odio del poder blanco a los negros por su resistencia a someterse, odio de la población negra a los blancos por su sistema de opresión y los ríos de sangre que había hecho correr.

Mandela era consciente de eso y sabía que ese odio todavía lo habitaba cuando salió de la cárcel.

Mientras caminaba hacia la puerta que me conducía hacia mi libertad, supe que, si no dejaba atrás mi amargura y mi odio, todavía estaría en prisión.
La celda es el lugar idóneo para conocerte a ti mismo. Me da la oportunidad de meditar y evolucionar espiritualmente. Yo era un joven agresivo y arrogante. Mis veintisiete años de cárcel me hicieron comprender lo importante que es la tolerancia. Que no hay tiempo para la amargura, sino para la acción.

Mandela, como prisionero, sólo tenía permitida la visita de una persona por año y únicamente podía enviar y recibir una carta cada seis meses. No tenía acceso a los diarios y lo obligaron a trabajar en una cantera de piedra caliza.

Era el recluso 46664, pero también el preso político más famoso del mundo y su lucha contra el *apartheid* ganaba defensores en los cinco continentes.

En 1982, fue trasladado a la prisión de Pollsmoor, en Tokai, un suburbio de Ciudad del Cabo, y más tarde al que sería su último lugar de encierro, la prisión de Victor Verster.

Lo liberaron en febrero de 1990, meses después de que recibiera el título como abogado, obtenido en la cárcel.

Afuera lo esperaba su compañera Winnie, quien durante todos esos años no había dejado de encabezar las luchas por su libertad. Mandela era hijo de un líder del pueblo tembu y el primer contacto que tuvo con el poder de los blancos fue cuando su padre fue despojado de la jefatura de la tribu y de sus tierras por desafiar a un magistrado británico.

«Si usted quiere hacer las paces con su enemigo, tiene que trabajar con su enemigo. Entonces el enemigo se convierte en compañero», escribió Mandela y lo aplicó desde el momento mismo en que salió de la cárcel.

El último presidente del *apartheid*, Frederik de Klerk, lo liberó al ver la injusticia. Desde su encarcelamiento, lucharon juntos en el proceso, lo que significó el fin legal de la discriminación racial y las primeras elecciones libres de la historia del país más austral de África. Por ese proceso Mandela y De Klerk recibieron el premio Nobel de la Paz en 1993.

La Academia Sueca señaló que se los otorgaba por «la labor cumplida para lograr con métodos pacíficos la eliminación del régimen del *apartheid* y el establecimiento de las leyes destinadas a crear una nueva democracia en Sudáfrica».

El 10 de mayo de 1994, Mandela se convirtió en el primer presidente negro del país que el mundo había repudiado por la brutal opresión que ejercían los blancos.

Mandela gobernó Sudáfrica durante cinco años, hasta 1999, y se retiró de la política, aunque siguió apareciendo en público para —en 2004— conseguir que Sudáfrica fuera elegida como sede del campeonato mundial de futbol de 2010.

Anunció ese retiro con una sola frase: «No me llamen, yo los llamaré».

Murió el 5 de diciembre de 2013, a los 95 años, y sintetizó su vida con esta sentencia: «La muerte es algo inevitable. Cuando un hombre ha hecho lo que creía necesario por su pueblo y por su país, puede descansar en paz. Creo que yo he cumplido ese deber, y por eso descansaré para la eternidad».

Nelson Mandela, durante sus últimos años preso y antes de ser liberado, siempre dijo que buscaría a las personas que lo habían enjuiciado para perdonarlos.

«El perdón libera el alma, hace desaparecer el miedo. Por eso el perdón es un arma tan potente», dijo.

Nelson Mandela, después de pasar veintisiete años en prisión bajo condiciones extremas, emergió con una visión de paz y unidad. Como presidente, lideró su país hacia la reconciliación, enfatizando la coexistencia pacífica y el entendimiento entre las razas.

Mandela fue un pionero en el uso del perdón como herramienta política, creando la comisión de la verdad y reconciliación para curar las heridas del país y forjar un camino hacia un futuro compartido.

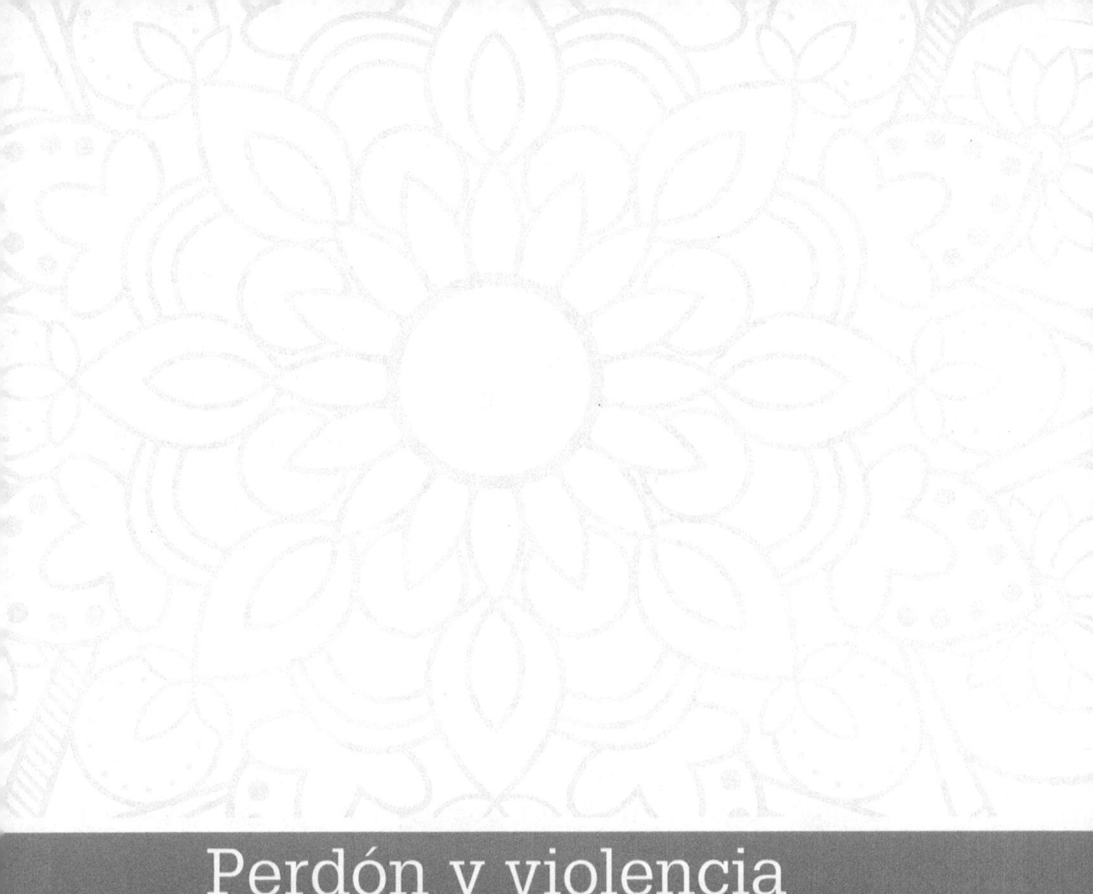

Perdón y violencia

Malala Yousafzai enfrentó las adversidades desde una edad temprana, cuando fue atacada por los talibanes debido a su activismo a favor del derecho a la educación de las niñas en Pakistán. Sobrevivió a un intento de asesinato a los 15 años, y en lugar de responder con odio, perdonó a sus atacantes y continuó su lucha con más convicción.

Malala se convirtió en un símbolo mundial de la resistencia en pro de la educación, demostrando que el perdón puede ser un acto de poder personal y un catalizador para el cambio social.

El 9 de octubre de 2012, dos milicianos talibanes abordaron el autobús escolar en el que viajaba, preguntaron por ella, y cuando se identificó, le dispararon, causándole graves heridas.

El odio es un atentado contra la paz y la armonía de un ser humano, un pueblo o una nación, aun así, ella sobrevivió.

Malala es mensajera de la paz de las Naciones Unidas y la persona más joven en recibir el Premio Nobel de la Paz, en 2014. En 2022 fue productora ejecutiva del cortometraje documental *Stranger at the Gate*, el cual fue nominado a los premios Oscar 2023.

Su frase más famosa es: «Un niño, un profesor, un libro y una pluma pueden cambiar al mundo. La educación es la única solución».

Por qué canta el pájaro enjaulado

Maya Angelou, es la primera mujer negra que aparece en una moneda de Estados Unidos. Cálida y sabia, apasionada y carismática, se convirtió en escritora y poeta, un modelo a seguir y una activista que supo celebrar la experiencia de ser negro en ese país, superando los horrores del racismo y el abuso personal en su juventud. A través de su trabajo transformó el dolor en una expresiva defensa de la justicia y la igualdad humana.

**Angelou enseñó que el perdón es un
acto de autoliberación que permite
a las personas moverse más allá
del pasado y contribuir a un mundo
más compasivo y comprensivo.**

Ella destaca que el perdón va más allá de un simple acto emocional, y puede funcionar como una estrategia pragmática para enfrentar injusticias y construir paz. Son testimonios del poder del espíritu humano para superar el odio y buscar la armonía incluso en las circunstancias más difíciles.

Maya se casó tres veces y una de ellas fue con un hombre blanco, Paul du Feu. Y más de una ocasión algún diario matutino le dijo: «Casarse con un blanco no te hace menos negro». Creo que hay muchas maneras de fastidiar a una persona hasta lograr el odio, pero es más liviana la sabiduría de quien sabe sopesar los contratiempos y convertirlos en actos digeribles logrando dar el perdón, aunque no te lo pidan.

El perdón es liberarnos de una pesada carga que hemos llevado durante demasiado tiempo. Es el acto de dejar atrás los grilletes del resentimiento para caminar con ligereza hacia el futuro. No es simplemente olvidar lo que sucedió, ni excusar a quienes nos hirieron, es, más bien, un regalo que nos damos nosotros mismos.

**Al perdonar, no cambiamos el pasado,
pero sí ensanchamos el camino hacia
un futuro de paz y comprensión.**

Ni de aquí ni de allá

Para ser feliz en tu trayecto no requieres de un gran equipaje, sólo necesitas lo indispensable, y esto se resume en una pequeña mochila con un conjunto más, aparte del que traes puesto. Así fue la vida viajera de Facundo Cabral, quien se estima que recorrió 159 países. Un hombre sencillo que no se complicaba tanto, no compraba carros, pues sus amigos ya poseían más de uno; no compraba casas, pues siempre se la vivía viajando y decía que, si no eran hoteles, era un cuarto en la casa de un amigo. Los mejores consejos se los dio su madre, Sara Camiñas.

Leí estas palabras en *selva.com.co*; el artículo «No soy de aquí ni soy de allá» estaba firmado por un tal kamiloardila. Se trataba de una entrevista al cantautor Facundo Cabral, y por eso me quedé a leerlo, pues entre canción y canción del artista argentino, yo he dejado muchos suspiros y recuerdos de amores, decepciones y perdones.

La entrevista sigue así:

—¿Cuándo vas a dejar de pelear para empezar a vivir?

—Cuando me marché de mi casa, niño aún, tenía siete años; mi madre me acompañó a la estación, y cuando subí al tren me dijo: 'Éste es el segundo y último regalo que puedo hacerte, el primero fue darte la vida y, el segundo, la libertad para vivirla'.

Aquellas palabras me dejaron helado, era justo lo que deseaba hallar en mi búsqueda para escribir un libro sobre el perdón.

Cabral fue uno de los máximos representantes de la música de protesta no violenta en toda América Latina, su padre se fue de casa antes de que él naciera y esto le ocasionó odio y rencor, y siempre juró que cuando lo encontrara lo mataría.

De inmediato pensé en mi propia historia. Por supuesto que yo no llegué a tanto con mi padre, pero ese conflicto con la figura paterna es algo que nos hermana a muchos a lo largo y ancho de la historia del mundo. Cabral continúa:

—Mi padre agotó el odio en mí. Lo odié profundamente; había dejado sola a mi madre con siete hijos en un desierto insoportable. Cuatro murieron de hambre y frío en ese tiempo. Sobrevivimos de milagro tres.

Me pongo en los zapatos del entrevistador que escucha una declaración como ésta. ¿Qué haces ante palabras tan duras? Así que le pregunta al artista qué pasó cuando ese hijo resentido reencontró a su padre, ¿cómo renunciar al derecho del rencor? Facundo recuerda de nuevo las palabras de su madre:

—Vos que caminas tanto, algún día vas a encontrarte con tu padre. ¡No cometas el error de juzgarlo! Recuerda el mandamiento: honrarás al padre y a la madre. ¡Segundo! Ese hombre que vas a tener enfrente es el hombre que más amó, más ama y más ha amado a tu madre. ¡Tercero! Lo que corresponde es que le des un abrazo y las gracias porque por él estás gozando las maravillas de Dios en el mundo.

Durísimo. Qué difícil es perdonar y qué grandes lecciones nos dejan quienes han logrado hacerlo. El pasaje de esta entrevista concluye con Facundo contando el encuentro con su padre:
—Por eso, cuando vi a mi padre, nos acercamos, nos abrazamos y fuimos grandes amigos hasta el final de sus días. Aquella vez me liberé, dije: 'Mi Dios, qué maravilloso es vivir sin odio'. Me costó años perdonar y pude hacerlo en un segundo. Y me sentí tan bien.

En ese momento no queda más que llorar, perdonar y perdonarse. Eso es lo que hace grande a un ser humano.

Conclusión

Después de enfrentar resentimientos, traiciones, y acumular rencores, el camino a la sanación y el perdón puede ser profundamente transformador. Aquí te ofrezco una perspectiva sobre cómo una persona podría alcanzar una sanación perfecta y perdonar genuinamente, permitiéndole continuar su vida con una sanación de libertad y satisfacción:

- Reconocimiento y aceptación: el primer paso a la sanación es reconocer y aceptar los sentimientos de dolor y traición. Admitir estas emociones en lugar de reprimirlas es crucial para procesarlas adecuadamente.

- Comprensión y perspectiva: intentar entender las circunstancias o motivaciones detrás de las acciones de los otros puede ayudar. Esto no implica justificar las acciones dolorosas, sino comprender que cada persona tiene sus luchas y limitaciones.
- Desapego de la negatividad: liberarse del rencor no sólo beneficia a la persona que fue herida, también es esencial para su bienestar emocional asociado con el pasado.
- Autocomprensión y cuidado personal: ser amable con uno mismo es fundamental. Dedicar tiempo a actividades que nutren cuerpo y alma puede restaurar la energía y fomentar sentimientos positivos.
- Buscar apoyo: hablar con amigos, familiares o profesionales puede proporcionar apoyo emocional y nuevas perspectivas. Estas conversaciones pueden ser catárticas y esclarecedoras.
- Perdón activo: el perdón es un acto activo de liberarse de la esclavitud del resentimiento. Puede comenzar como una decisión consciente, incluso si los sentimientos emocionales toman más tiempo en alinearse con esta decisión.
- Renovación y nuevos comienzos: finalmente enfocarse en construir una vida nueva basada en la positividad y la resiliencia, para ayudar a la persona a ver su pasado como una parte de su historia que ha contribuido a su crecimiento, y que no la vea como una cadena que lo detiene.
- Busca al más poderoso: Dios Padre, Dios Hijo y Dios Espíritu Santo, aquí está la culminación y la sanación.
- El perdón es individual: es único y liberador. El perdón y la sanación son procesos personales y pueden variar considerablemente de una persona a otra.

No hay un camino único ni un tiempo definido para sanar, cada persona debe encontrar el ritmo y las herramientas que mejor se adapten a sus necesidades.